Leitfaden

mit

Muster-Statuten

für

freie Hülfskassen.

Unter besonderer Berücksichtigung der

Krankenversicherungs-Novelle

für bestehende und neu zu gründende Kassen

bearbeitet

von

Dr. Max Hirsch,

Mitglied des Reichstags.

Berlin 1892.

J. J. Heines Verlag.

I. Geschichte und Bedeutung der freien Kassen.

Nur eine kurze Skizze der Vergangenheit und Gegenwart der freien Kassen möge den Blick in die Zukunft derselben leiten und schärfen und somit unserer eigentlichen Aufgabe, der Anleitung zur Anpassung an die Krankenversicherungs-Novelle, vorarbeiten.

Wenn man die Behandlung der freien Hülfskassen in der neuesten deutschen Gesetzgebung betrachtet, so sollte man glauben, jene seien lästige Eindringlinge, gegen die der Gesetzgeber die alten legitimen Zwangskassen zu schützen habe. Ein Blick in die Geschichte lehrt das Gegentheil. Es bedurfte nicht erst des Gängelbandes hochweiser Obrigkeit; die beiden gesellschaftlichen Naturkräfte, Bedürfniß und Nächstenliebe, genügten, um schon im frühen Mittelalter die Handwerker und Arbeiter zur Errichtung von Kranken- und Begräbnißkassen aus eigenem Antrieb, meist im Anschluß an Berufsvereine, Innungen und Gesellenbruderschaften, zu veranlassen. So war es vor allem auch in Deutschland, wo sogar die Knappschaftskassen der Bergarbeiter, die modernen Vorbilder der Zwangsversicherung, ursprünglich auf dem Boden der freien Berufsvereinigung gewachsen sind.

Mit der Zeit verfiel allerdings das frische freie Kassenwesen im Gewerbe mitsammt den Innungen der Verknöcherung und Bevormundung. Man mißtraute insbesondere in Deutschland jeder freien Vereinigung von Gesellen und Arbeitern — gerade wie noch heute — als ob daraus Wunder welche Gefahren für „Ruhe und Ordnung“ entspringen könnten; als Hauptgefahr erschien irgend welche Lohnerhöhung, welche die „Knechte“ etwa durch ihren Zusammenschluß erreichen könnten. So konnte es zumal in dem Zeitalter des allmächtigen Polizeistocks nicht ausbleiben, daß aus den freien Gesellen- und Arbeiterkassen polizeiliche Zwangseinrichtungen wurden, bei deren Leitung die Arbeitgeber und Behörden den Löwenantheil an sich rissen. Es konnte auch nicht ausbleiben, daß durch die jahrhundertlange Niederdrückung jeder Initiative und Selbstverwaltung die arbeitenden Klassen dieser Bestrebungen und der daraus entsprießenden Opferwilligkeit immer mehr entwöhnt wurden. Diese moralische Verwüstung wirkt noch heute in weitem Umfang nach; hierdurch allein ist es zu erklären, daß unter gänzlich veränderten gewerblichen und politischen Verhältnissen die große Masse der deutschen Handwerker und Arbeiter dem Zwangssystem von Neuem unterworfen werden konnte.

Allein selbst in der schlimmsten Zeit der Bevormundung war der gesunde urgermanische Trieb zur selbständigen Vereinigung nicht in allen Kreisen des arbeitenden Volkes erloschen. Wo irgend günstige Umstände vorhanden waren, bildeten sich, meist ganz unscheinbar, besonders seit Ende des vorigen Jahrhunderts, freie Kranken-, Sterbe- und sonstige Unterstützungskassen. Wild wachsenden Pflanzen gleich entstanden sie und verbreiteten sich, und wenn auch viele der Verfolgung oder dem eigenen Ungenügen zum Opfer fielen, so erhielt sich doch ein Theil trotz aller Widerwärtigkeiten mit zäher Kraft. Wie in England, so giebt es auch in Deutschland freie Kassen mit hundertjährigem Stammbaum. Als in den siebziger Jahren die steigende sociale Bewegung sich auch dieses bedeutsamen Zweiges der genossenschaftlichen Selbsthülfe erinnerte und der Verfasser dieser Schrift mit einigen Freunden eine Privat-Enquete veranstaltete, da zeigte sich zu allgemeiner Ueberraschung, daß in allen Theilen Deutschlands, vorzugsweise aber in den Mittel- und Kleinstaaten, Tausende von freien Kassen existirten, darunter eine nicht geringe Zahl blühend und segensreich.

Die „liberale Aera“ zur Zeit des Norddeutschen Bundes und des jungen deutschen Reiches mußte die Daseinsberechtigung der freien Kassen anerkennen, aber sie that es nur widerstrebend und inkonsequent. In der sonst so freiheitlichen Gewerbeordnung von 1869 hatten die verbündeten Regierungen den in Preußen und anderen Staaten geltenden Kassenzwang aufrecht erhalten. Erst der Antrag der Abgeordneten Schulze-Delitzsch, Duncker und Dr. Hirsch öffnete der Kassenfreiheit eine Gasse, indem zu § 141 als Absatz 2 zugefügt wurde: „Die durch Ortsstatut oder Anordnung der Obrigkeit begründete Verpflichtung der Gesellen, Gehülfen, Lehrlinge, und Fabrikarbeiter, einer bestimmten Kranken-, Hülfs- oder Sterbekasse anzugehören, wird indeß für diejenigen aufgehoben, welche nachweisen, daß sie einer anderen Kranken-, Hülfs- oder Sterbekasse angehören.“ Damit war prinzipiell den freien Arbeiterkassen das Recht verliehen und verbrieft, der gesetzlichen Versicherungspflicht in gleichem Maaße, wie die Zwangskassen, zu genügen. Von dieser Zeit datirt der äußere und innere Aufschwung der freien Kassen. Neben den bestehenden, ausschließlich lokalen Kassen wurden zuerst durch die Deutschen Gewerkvereine (Hirsch-Duncker) nationale Kranken- und Begräbnißkassen begründet, welche ihre Zweigvereine über das ganze Reich ausbreiteten und hierdurch mit dem Ausgleich des Risikos auch Freizügigkeit für die Mitglieder verbanden. Durch die Vorschrift periodischer Prüfung der finanziellen Lage seitens eines Versicherungs-Sachverständigen und andere rationelle Einrichtungen wurde die Lebensfähigkeit der Kassen vollends gesichert.

Trotz des bald darauf ausbrechenden deutsch-französischen Krieges und trotz vielfacher Belästigungen seitens Arbeitgeber und Behörden hatten die Hülfskassen bis 1875 sich schon dermaßen verbreitet und bewährt, daß die verbündeten Regierungen, unzweifelhaft auf Antrieb des

Ministers Delbrück, einen bedeutenden Schritt vorwärts thaten. Sie legten dem Reichstag das Gesetz über die eingeschriebenen Hülfskassen vor, wodurch allen Krankenkassen, ob auf Beitrittszwang oder Freiwilligkeit beruhend, ob lokal oder national, gegen Erfüllung einer Reihe von Normativbestimmungen — zum Zwecke der Sicherstellung der Mitglieder und der Kassen — durch Zulassung der Behörden die volle Rechtsfähigkeit verliehen wurde. Durch das gleichzeitig eingebrachte Gesetz betreffend Abänderung des Titels VIII der Gewerbeordnung wurde einerseits die Gleichberechtigung der freien eingeschriebenen Hülfskassen zur Erfüllung der Versicherungspflicht in bestimmtester Form bestätigt, andererseits die bestehenden Zwangskassen verpflichtet, bis Ende 1884 sich nach Maßgabe des Hülfskassengesetzes umzugestalten, so daß von 1885 ab die Formen und der Geist dieses freiheitlichen Gesetzes das ganze Krankenkassenwesen durchdringen sollten.

Auf dem so gewonnenen festen Rechtsboden — wie man glaubte und glauben mußte, da doch organische Reichsgesetze keine Eintagsfliegen sein dürfen — richteten sich alte und neue Hülfskassen in stattlicher Zahl und mit freudigem Eifer ein, erlangten, oft erst nach vielen Weiterungen seitens der Behörden, die gesetzliche Zulassung und erfüllten gewissenhaft die gesetzlichen Verpflichtungen. Daß nach der jahrhundertlangen Ertödtung selbstständiger Vereinsthätigkeit und gerade in der Zeit des schweren Darniederliegens des Gewerbes und der Arbeit nicht sofort die Millionen in die Bewegung der freien Kassen eintraten, war durchaus naturgemäß; für jede unbefangene Betrachtung mußte die Thatsache, daß binnen $4^1/_2$ Jahren 648 bestehende freie Kassen sich in eingeschriebene Hülfskassen umgewandelt und 232 neue Kassen — wie die ersteren vielfach mit zahlreichen Verwaltungsstellen — sich gebildet hatten, sichere Bürgschaft für eine gesunde, immer schnellere Entwickelung leisten.

Allein die schroffe Wendung der gesammten Handels-, Gewerbe- und Socialpolitik, die schon zwei Jahre nach Inkrafttreten des Hülfskassengesetzes eintrat und sich zunächst in dem Socialistengesetz und dem Schutzzolltarif äußerte, machte jeder wohlwollenden, ja auch nur gerechten Würdigung der freien Kassen in den herrschenden Kreisen ein Ende. Die kaiserliche Botschaft von 1881 verkündete mit ungewohntem Nachdruck die von Staatswegen zu erzwingende und zu regelnde Arbeiterversicherung, also das dem freien Kassenwesen gerade entgegengesetzte System, und nachdem auch socialdemokratisch gesinnte Arbeiter, wie nur natürlich, sich Hülfskassen angeschlossen und solche gegründet hatten, wurde die ganze Einrichtung mit ungünstigen Augen betrachtet. In dem Krankenversicherungs-Gesetz vom 15. Juni 1883 kam diese rückläufige Richtung zum Ausdruck. Der bis dahin nur fakultative, ortsstatutarische Versicherungszwang der Arbeiter wurde zu einem für das ganze Reich obligatorischen erklärt und zu seiner Durchführung eine Riesenburg von Zwangskassen aufgeführt. Aber so groß auch die Neigung sein mochte, die freien Kassen aus der Krankenversicherung, wie aus der fast gleichzeitig geschaffenen Unfallversicherung auszuschalten, der entschlossene Widerspruch der Volksvertretung unter Führung der Linken verhinderte es. Wenn schon unter erschwerenden Bedingungen, wurde doch von Neuem auch auf dem Boden der allgemeinen Versicherungspflicht die Gleichberechtigung der eingeschriebenen und auf Grund landesrechtlicher Vorschriften errichteten Hülfskassen anerkannt. Es war kein zufälliges oder nebensächliches Abstimmungsergebniß, sondern ein wohlüberlegtes grundlegendes Kompromiß zwischen Reichstag und Bundesrath, ohne dessen Annahme das ganze Krankenversicherungsgesetz gefallen wäre. Das Rechtsfundament für die freien Kassen war abermals verstärkt.

Und abermals bewährte sich die Lebens- und Anpassungsfähigkeit der freien Kassen aufs Glänzendste. Die wahrlich nicht geringen materiellen und formellen Schwierigkeiten, welche das neue Gesetz in Verbindung mit der Hülfskassen-Novelle vom 1. Juni 1884 den Kassen bereitete — es sei u. A. nur an die oft bedeutende Erhöhung der Mindestleistung von Krankengeld, an die Unterstützung für erwerbsfähige Kranke, an den gänzlichen Wegfall der meist dreizehnwöchentlichen Karenzzeit, an die jährliche starke Rücklage für den Reservefonds erinnert — und die noch schlimmeren Scheerereien und Maßregelungen seitens der Zwangskassenvorstände, Behörden und Arbeitgeber, sie wurden durch die Ausdauer und Opferwilligkeit dieser genossenschaftlichen Arbeiterkassen rühmlich überwunden. Wie sehr dieselben den ihnen gelassenen Platz in der reichsgesetzlichen Krankenversicherung ausfüllten, wie vollkommen sie, obgleich des Drittelzuschusses und der Mitleitung der Arbeitgeber entbehrend, nicht nur allen von dem Gesetz gestellten Anforderungen entsprachen, sondern im Durchschnitt noch erheblich mehr und besseres leisteten, das erhellt unwiderleglich aus der amtlichen Statistik.

Hiernach bestanden im J. 1890: 1869 eingeschriebene und 468 landesrechtliche Hülfskassen, die ersteren mit rund 786000, die letzteren mit 144000 Mitgliedern, zusammen also **2337** freie Kassen mit rund **930000** Mitgliedern (gegen im Jahre 1885 2292 Kassen mit 792000 Mitgliedern). Dieselben hatten zusammen Einnahmen (abgerundet): 1885: 13700000 Mark, 1890: 19300000 Mk.; Ausgaben: 1885: 12000000 Mk., 1890: 15600000 Mk. Von letzteren kamen auf Krankheitskosten (Arzt, Arznei und sonstige Heilmittel, Krankengeld, Anstaltsverpflegung, Sterbegeld rc.) 13900000 Mk. = **15** Mk. pro Mitglied, während die Gemeindekrankenversicherung (welcher die freien Kassen nach dem Gesetze nur gleich kommen sollten!), bei 994000 Versicherten an Krankheitskosten nur gegen 8200000 Mk. = **8$^1/_5$** Mk. pro Mitglied verausgabten. Nach Ausweis der amtlichen Statistik leisteten also die freien Kassen beinahe doppelt so viel für ihre kranken Mitglieder und deren Hinterbliebene — worin doch der ganze Zweck der Krankenversicherung besteht — als die ihnen gleichgestellte Zwangsversicherung! Das kommt wesentlich mit daher, daß die Gemeinde-Krankenversicherung durchweg, die anderen Zwangskassen ganz überwiegend nur 13 Wochen, die freien Kassen aber ganz überwiegend 26 bis 52 Wochen Krankenunterstützung gewähren. Dies ist aber offenbar eine große Hauptsache, denn was nützt alle Versicherung, wenn gerade bei den langwierigen Krankheiten, welche die größte Noth über den Arbeiter und seine Familie bringen, nach 13 Wochen jede Unterstützung aufhört! Und endlich, trotz dieser großen Mehrleistungen, hatten die ganz auf sich selbst angewiesenen freien Kassen schon bis Ende 1889 (die bezüglichen Ziffern von 1890 liegen noch nicht vor) Vermögen von zusammen über **14400000** Mk. gesammelt, gleich fast **15½** Mk. pro Mitglied, während die Gemeinde-Krankenversicherung nur 50 Pf., und selbst die Orts-Krankenkassen nur 8½ Mk. pro Versicherten besaßen, sonach die freien Kassen auch durch solide Begründung obenan stehen.

Es ist wohl in der Gesetzgebung kaum ein Beispiel zu finden, daß man einer so trefflich arbeitenden, dem Reichsgesetz wie den Betheiligten so durchaus genügenden Institution ihren Rechtsboden zu verkümmern, ja ganz zu entziehen trachtete. Im Zeitalter der deutschen Reichs-Arbeiterversicherung ist es dennoch geschehen. Nicht genug, daß Gemeinde- und Bezirksbehörden die Hülfskassen mit immer neuen Anforderungen und Auslegungen bedrängten, nicht genug, daß die Gesetzgebung selbst bei der Unfallversicherung und noch schwerer bei der Invaliditäts- und Altersversicherung die freien Kassen zurücksetzte und beeinträchtigte — bei der Revision des Krankenversicherungs-

Gesetzes sollte die Axt, die bisher nur die Aeste beschädigt hatte, an die Wurzel gelegt werden. Die Reichsregierung behauptete im Widerspruch mit den offenbarsten Thatsachen eine Bevorzugung der freien Kassen vor den Zwangskassen, wodurch die letzteren arg benachtheiligt würden. Sie beantragte unter der Devise „gleiches Licht und gleichen Schatten" in der am 22. November 1890 eingebrachten Kranken-versicherungs-Novelle eine ganze Reihe von Abänderungen, deren Gesammtheit das Uebel gründlich kurirt hätte, indem sie die Hülfskassen vollständig von der Erfüllung der gesetzlichen Versicherungspflicht ausgeschlossen, im besten Falle zu bloßen Zuschußkassen herabgedrückt hätte. Die Vertreter der verbündeten Regierungen verwahrten sich freilich gegen eine solche Absicht; ein Theil der Anhänger der Vorlage aber erklärte offen, daß für die freien Kassen in dem Gebäude der obligatorischen Arbeiterversicherung kein Platz mehr sei, und die Folgen des unveränderten Gesetzentwurfs würden dieser Ansicht jedenfalls Recht gegeben haben.

Aber es war auch diesmal dafür gesorgt, daß die Bäume der Zwangsversicherung nicht in den Himmel wuchsen. Von den alten Vertheidigern der Kassenfreiheit wurde auf Grund der Statistik, sowie zahlreicher Petitionen und Kundgebungen (worunter eine Denkschrift der Gewerkvereins-Hülfskassen und das Protokoll des Kongresses der freien Kassen die hervorragendsten waren) so klar und eindringlich die Hinfälligkeit der Motive und die Verderblichkeit wenigstens eines Theils der vorgeschlagenen Abänderungen — namentlich der §§ 49a und 75 — nachgewiesen, daß die Mehrheit des Reichstages für unveränderte Annahme derselben nicht mehr zu haben war. Nach schwerem Ringen während sämmtlicher Berathungen der Kommission und des Reichstags gelang es der Linken mit Hülfe des Centrums, die schlimmsten Schädigungen abzuwenden, ja sogar einige positive Verbesserungen durchzusetzen, wie dies in dem folgenden Abschnitt näher dargelegt werden wird.

Als Gesammtergebniß sei im Voraus festgestellt, daß das neue Gesetz, wie es durch den Reichstag gestaltet worden ist, zwar prinzipiell fehlerhaft ist und praktisch verschiedene Erschwerungen für die freien Kassen, insbesondere für die nationalen oder centralisirten, enthält, aber das Fortbestehen dieser Kassen als vollberechtigt zur Erfüllung der gesetzlichen Krankenversicherungspflicht keineswegs, weder organisatorisch noch finanziell, unmöglich macht. Was die Novelle erfordert, das ist eine findige Thatkraft und feste Ausdauer der Hülfskassen, um sich den neuen Lebensbedingungen anzupassen. Hierzu aber sind gerade freie Kassen durch die größere Spannkraft und Intelligenz, die ihnen innewohnt, befähigt. Es gilt nur, die neue Lage ruhig und klar ins Auge zu fassen und die Schwierigkeiten der Uebergangszeit zu überwinden. Gelingt dies, so kann nicht nur die gewiß nicht ausbleibende Wiederkehr einer liberaleren Gesetzgebung ruhig abgewartet, sondern vielleicht sogar inzwischen, ganz entgegen dem Wunsche der Zwangsmänner, ein weiteres Mitgliedergebiet für die freien Kassen gewonnen werden.

Denn auch nach Annahme der neuen gesetzlichen Bedingungen werden die freien Kassen nicht etwa durch „Privilegien und Begünstigungen," sondern allein durch ihre innere Natur und Organisation ihren Mitgliedern erhebliche Vortheile gegenüber den Zwangskassen bieten. Diese Vortheile, die bisher noch viel zu wenig von den Arbeitern gewürdigt wurden, sind hauptsächlich folgende:

1) freie Auswahl verschieden hoher Beiträge und Unterstützungen je nach Leistungsfähigkeit und Bedürfniß, vermöge der Einrichtung verschiedener Stufen (häufig von 6 bis 15 Mk. wöchentlichem Krankengeld und 60 bis 150 Mk. Begräbnißgeld);

2) durchschnittlich höheres Krankengeld und weit längere Dauer der Krankenunterstützung (s. oben bei Statistik);
3) freie Wahl des behandelnden Arztes und der Apotheke, woran auch künftig soweit irgend möglich festgehalten werden wird; infolge dessen bessere, individuellere Behandlung und größerer Erfolg der Kur;
4) volle Selbstverwaltung ohne Einmischung der Arbeitgeber und ihrer Beamten; daher regeres Interesse der Mitglieder, genossenschaftliche Prüfung der Ansprüche und Beschwerden und erhöhte Unabhängigkeit;
5) Berücksichtigung der zeitlichen Verhältnisse der Mitglieder durch Stundung der Beiträge (in vielen Kassen bis zu 13 Wochen);
6) Erhaltung der Mitgliedschaft auch bei Wechsel und Aufhören der Beschäftigung (in nationalen Kassen auch bei Verlegung des Wohnorts, also volle Freizügigkeit); daher leichtere Erlangung neuer Arbeitsstellen, besonders bei zunehmendem Alter, wo die Arbeiter wegen der Betriebs- (Fabrik-) und anderen Zwangskassen in der Regel nicht mehr angenommen werden.

Es verlohnt sicherlich der Mühe, Kassen, die so viele und große Vorzüge für die Arbeiter und indirekt auch für die Arbeitgeber und das Gemeinwesen besitzen, als Glieder der gesetzlichen Krankenversicherung aufrecht zu erhalten. Mögen die Vorstände, Mitglieder und Freunde der freien Kassen sich daher durch die theilweise Abänderung nicht beirren noch entmuthigen lassen! Wie im Jahre 1884 das erste Zwangsgesetz die Hülfskassen nicht erschütterte, sondern im Gegentheil stärkte und vermehrte, so wird das zweite derartige Gesetz, wenn nur die Betheiligten fest und rührig vorgehen, schließlich die gleiche Wirkung äußern.

Zu diesem günstigen Ausgang, zur Erhaltung und

Festigung der so werthvollen freien Kassen beizutragen, ist der Zweck dieser Schrift. Durch sachgemäße Aufklärung und reiflich erwogene Rathschläge will sie den Vorständen und Mitgliedern bei der Arbeit der Prüfung und Umwandlung zur Seite stehen.

II. Die freien Kassen und die Krankenversicherungs-Novelle.

Der vielfältige Einfluß des Gesetzes vom 10. April 1892 auf die Hülfskassen ergiebt sich schon aus der großen Zahl von Paragraphen, welche der Auszug im Anhang als „auf die freien Kassen direkt oder indirekt sich beziehend" umfaßt. Doch braucht man über den Umfang der einschlägigen Bestimmungen nicht zu erschrecken. Die Anzahl derer, die wesentliche Aenderungen für die freien Kassen mit sich bringen, ist gering; die anderen stehen nur in einem mehr oder weniger losen Zusammenhang mit jenen Kassen.

Von dem praktischen Gesichtspunkt, der uns ausschließlich leitet, unterscheiden wir die gesammten in Betracht kommenden Gesetzesstellen nach ihrem Verhältniß zu den freien Kassen in indifferente (gleichgültige), günstige und ungünstige Bestimmungen und unterziehen dieselben nunmehr einer kurzen Betrachtung, indem wir stets auf den Wortlaut der Paragraphen (s. Anhang) verweisen.

A. Zu den indifferenten Bestimmungen sind vor allem diejenigen über Ausdehnung des Versicherungszwangs zu rechnen (§§ 1 bis 3b d. Novelle). Die Versicherungspflicht kraft Gesetzes, demnach unterschiedlos für das ganze Reichsgebiet gültig, bestand bisher in der Hauptsache nur für die im Handwerk, in Fabriken, in Bergwerken, bei Bauten und auf Werften gegen Gehalt oder

Lohn Beschäftigten. Neu der Versicherungspflicht unterworfen werden die Beschäftigten in der gesammten Binnenschifffahrt und Baggerei (statt bisher nur in der Binnendampfschifffahrt), in den Bureaus der Anwälte, Notare, Versicherungsanstalten 2c.

Die Handlungsgehülfen und -Lehrlinge nehmen eine Zwitterstellung ein: sie unterliegen der Versicherungspflicht, aber nur, wenn ihr Gehalt 2000 Mk. pro Jahr nicht übersteigt und sofern durch Vertrag (kürzere oder gar keine Kündigungsfrist) die Rechte auf 6 wöchentliche Versorgung in Krankheit*) aufgehoben oder beschränkt sind. Auch wenn dies nicht der Fall ist, können die im Handelsgewerbe Beschäftigten nach § 2 Ziffer 5 durch statutarische Bestimmung einer Gemeinde oder eines weiteren Kommunalverbandes versicherungspflichtig werden, was jedoch selten vorkommen dürfte. Ein wie großer Procentsatz der Handlungsgehülfen 2c. danach künftig der Versicherungspflicht unterliegen wird, läßt sich nicht sicher vorhersagen.

Für den Bestand der Hülfskassen sind diese und die folgenden Bestimmungen betreffs Versicherungszwang in der That ziemlich gleichgültig. Soweit die freien Kassen den maßgebenden neuen Verpflichtungen der §§ 49a und 75 zu genügen im Stande sind, kann die Ausdehnung der Versicherungspflicht ihnen sogar nützen, indem dadurch die Zahl derer, die sich überhaupt versichern, vermehrt wird. Insbesondere gilt dies von den Handlungsgehülfen, für die, auch wenn sie in ihrer gegenwärtigen Stellung befreit sind, durch jeden Stellenwechsel die Versicherungspflicht eintreten kann, die daher — auch abgesehen von dem großen Nutzen der Kranken- und Begräbniß-

---

*) Dtsch. Handels-Gesetzbuch, Artikel 60: „Ein Handlungsgehilfe, welcher durch unverschuldetes Unglück an Leistung seines Dienstes zeitweise verhindert wird, geht dadurch seiner Ansprüche auf Gehalt und Unterhalt nicht verlustig. Jedoch hat er auf diese Vergünstigung nur für die Dauer von sechs Wochen Anspruch."

Versicherung an sich — wohl daran thun werden, vor dem Inkrafttreten der Novelle in kaufmännischen eingeschriebenen Hülfskassen (wie es deren sehr gute, besonders nationale, der häufigen Ortsveränderung der jungen Kaufleute angepaßte, giebt) sich zu versichern!

Im Uebrigen verdienen die §§ 1 bis 3b insofern die ernste Beachtung der Vorstände und Verwaltungen der Hülfskassen, als dieselben nothwendig sind zur Unterscheidung derjenigen Mitglieder, auf welche die neuen Vorschriften wegen Abmeldung, Gewährung von Mindestleistungen u. a. Anwendung finden müssen, und diejenigen, bei denen dies nicht zutrifft (vgl. unter C).

Indifferent sind u. A. auch die abgeänderten Bestimmungen des § 58 bezüglich der Entscheidung von Streitigkeiten. Die zumal in den achtziger Jahren so häufigen Streitigkeiten zwischen Zwangskassen und Hülfskassen darüber, ob letztere den Anforderungen des § 75 genügten, werden (wie sich bei 75a zeigen wird) in Zukunft kaum noch vorkommen können. Um so unerheblicher ist es, wenn § 58 Abs. 1 für die Anfechtung von Entscheidungen der Aufsichtsbehörde über das Versicherungsverhältniß 2c. statt des ordentlichen Rechtsweges (Klage beim Amtsgericht) in einigen Bundesstaaten, besonders Bayern, das Verwaltungsstreitverfahren (Rekurs an das Verwaltungsgericht) vorschreibt. Wenn auch prinzipiell und praktisch der ordentliche Rechtsweg den Vorzug verdient, so sind doch auch von Verwaltungsgerichten (wozu im weiteren Sinne auch das Reichs-Versicherungsamt für die Unfall- und Invaliditäts-Streitigkeiten gehört) unparteiische und sachkundige Urtheile zu erwarten.

Als gleichgültig können wir endlich auch die Erstreckung der Bestimmungen des § 57 des Krank.-Vers.-Ges. (betr. das Verhältniß der Krankenkassen zur Armenunterstützung) auch auf die Hülfskassen (laut § 75c) bezeichnen.

B. Zu den für die freien Kassen günstigen Bestimmungen der Novelle glauben wir folgende rechnen zu müssen:

1) § 6a enthält in Abs. 1 Zf. 2, 3 und 6 und in Abs. 2 eine Reihe von Vorschriften und Maßnahmen zum Schutze der Gemeinde-Krankenversicherung, besonders gegen widerrechtliches, unmoralisches und ordnungswidriges Verhalten von Versicherten und ertheilt den Gemeinden, als Inhabern der genannten Versicherung, die Ermächtigung, diese Vorschriften und Maßnahmen einzuführen. Dieselben sind im Wesentlichen den Statuten der freien Kassen entnommen und es ist nur recht und billig, daß laut § 75 Abs. 1 (am Schluß) die wichtige Befugniß zu solchen Beschränkungen der Unterstützungsansprüche ausdrücklich auch den Hülfskassen eingeräumt wird. Was bisher zu großem Nachtheil der freien Kassen streitig war, ist damit auf festen Rechtsboden gestellt. Bei Ausarbeitung oder Abänderung der Statuten müssen daher die vorerwähnten Stellen des § 6a — wie in unserem Muster-Statut §§ 10, 11, 14 geschehen — sorgfältig benutzt werden, soweit sie eben reichen. Eine Ueberschreitung der Befugniß, z. B. die Entziehung der Krankenunterstützung aus anderen, als den in § 6a Abs. 1 Zf. 2 aufgeführten Gründen, würde die Bescheinigung gemäß § 75a verhindern!*)

2) Aehnlich verhält es sich mit den Bestimmungen des § 7 Abs. 1, betreffend die Unterbringung erkrankter Versicherter in einem Krankenhause. Diese Unter-

*) Die besonderen Verpflichtungen, welche die Gemeinden auf Grund des § 6a etwa ihren Krankenversicherungen auferlegen — Wegfall der 3tägigen Karenzzeit für das Krankengeld (Abs. 1 Zf. 4), Unterstützung an Familienangehörige (Zf. 5) — erstrecken sich nicht auf die freien Kassen. Ebenso wenig haben sämmtliche Bestimmungen betreffs der organisirten Zwangskassen (Orts-, Betriebs- rc. Kassen) die geringste Geltung für die Hülfskassen!

bringung ist nicht eine Pflicht, sondern nur ein Recht wie der Gemeinde-Krankenversicherung, so auch (nach § 75 Abs. 1) der Hülfskassen. Die modificirten Bestimmungen der Novelle machen den § 7 noch geeigneter zum Schutze gegen Simulation und mangelhafte, in Folge dessen verlängerte Kur in der Wohnung des Versicherten; § 7 sollte daher, so weit es die Kassenverhältnisse irgend gestatten, angewendet werden.

3) § 8, betreffend die Festsetzung des ortsüblichen Tagelohns gewöhnlicher Tagearbeiter, enthält in der Fassung der Novelle eine sehr bedeutende Verbesserung für die freien Kassen. Da dieselben mindestens die Hälfte bezw. drei Viertel des behördlich festgestellten ortsüblichen Tagelohnes am Sitz der Kasse als Krankengeld gewähren mußten, so konnte die Behörde durch plötzliche Erhöhung dieses Tagelohnes, welche sofort in Kraft trat, mit einem Federstrich die Hülfskassen rechtlos machen und ihre Mitglieder — bei nationalen Hülfskassen im ganzen Reiche! — den Zwangskassen überweisen. Der Versuch ist auch thatsächlich in mehreren Vororten Berlins in großem Maßstabe gemacht worden und wenn er auch durch blinden Eifer in der Hauptsache fehlschlug, so brachte er doch den betheiligten Kassen schweren Nachtheil. Durch den (vom Verfasser beantragten) Zusatz zu § 8 Abs. 1 „Aenderungen der Festsetzung treten erst 6 Monate nach der Veröffentlichung in Kraft" — sowie andrerseits durch eine Aenderung in § 75 Abs. 1, worauf wir noch zurückkommen — ist diese Gefahr für die freien Kassen und ihre Mitglieder gänzlich beseitigt.

4) §§ 75a und 75b, betreffend die behördliche Bescheinigung, daß Hülfskassen den Anforderungen des § 75 genügen. Eine solche Bescheinigung war schon durch die Hülfskassen-Novelle von 1884 vorgesehen, aber in durchaus unzureichender Weise. Dieselbe wurde nämlich von der höheren Verwaltungsbehörde, unter welcher die Hülfs-

kasse ihrem Sitze gemäß stand, ausgestellt und hatte keine Beweiskraft bei den Behörden und Gerichten, ja nicht einmal bei den Zwangskassen-Vorständen des eigenen Bezirks der höheren Verwaltungsbehörde, welche einer Hülfskasse das Recht des § 75 trotz der behördlichen Bescheinigung absprechen konnten. Dieser höchst drückenden und beschämenden Rechtsunsicherheit wird durch die Novelle entschieden abgeholfen. Die Bescheinigung wird hinfort von der Landes-Centralbehörde bezw. vom Reichskanzler ausgestellt und ist bei allen Streitigkeiten über die Befreiung von Hülfskassen-Mitgliedern von der Zwangskasse maßgebend.

Allerdings ist, wie es nach der neuen Fassung des § 75 nicht anders sein kann, die ausreichende Höhe des Krankengeldes von der Bescheinigung ausgeschlossen; hierbei handelt es sich aber nur um die Feststellung der einfachen Thatsache, ob das von dem betreffenden Mitgliede versicherte Krankengeld mindestens gleich der Hälfte des ortsüblichen Tagelohnes seines Beschäftigungsortes ist. Der Vortheil der neuen Bestimmungen ist also ein großer. Von den Ministern der Einzelstaaten und dem Reichskanzler ist auch zu erwarten, daß sie die Bescheinigungen für die Hülfskassen nicht nur gerecht, sondern auch ohne Verzögerung ausstellen werden; auf alle Fälle aber mögen die Vorstände so früh als möglich den nach § 75a erforderlichen besondern Antrag stellen, da zumal in der ersten Zeit mehrfache Zweifel über die Auslegung der neuen Gesetzesvorschriften und in Folge dessen längere Verhandlungen wahrscheinlich sind.

Einige weitere, für die Hülfskassen nützliche Bestimmungen bilden nur Erleichterungen neuer schädigender Vorschriften und werden daher in Zusammenhang mit letzteren ihre Erledigung finden.

C. Wenden wir uns nun schließlich zu den für die freien Kassen ungünstigen Bestimmungen der Novelle, so waren diese in dem Regierungsentwurf weit zahlreicher und schwerwiegender, als in dem verabschiedeten Gesetze. In aller Kürze seien die vom Reichstag abgelehnten Verschlechterungen erwähnt, weil erst hierdurch die jetzt geschaffene Lage der Hülfskassen recht klar beleuchtet wird. Nach der Regierungsvorlage sollte vor allem die ganze Stellung der Hülfskassen herabgedrückt und überaus erschwert werden durch die Aenderung, daß ihre Mitglieder von der Verpflichtung, einer Zwangskasse anzugehören, nur auf ihren besonderen, bei jedem Beschäftigungswechsel zu erneuernden Antrag an den betr. Zwangskassenvorstand befreit werden sollten. Sie hätten also in der Regel erst Mitglieder der Zwangskasse werden und ihre Berechtigung zum „Befreitwerden" jedesmal erst formell nachweisen müssen (49a der Vorlage). Eine solche Nöthigung wäre für die meisten Mitglieder augenscheinlich unerfüllbar und unerträglich gewesen. Dazu kam dann noch, um das Maß gehäuft voll zu machen, die Bestimmung in § 50 Abs. 1, wonach Hülfskassen, deren Organe die vorgeschriebenen Austritts- 2c. Anzeigen an die Meldestelle nicht pünktlich bewirkten, die gesammten, daraus folgenden Aufwendungen der Zwangskasse — in manchen Fällen mehrere hundert Mark — erstatten sollten. Alles dies ist auf Antrag der Linken und des Centrums durch Kommission und Reichstag gestrichen und damit das Schlimmste für die Hülfskassen ausgemerzt worden.

Die erschwerenden Bestimmungen, die trotz aller Anstrengungen der Freunde des freien Kassenwesens, wenn auch abgeschwächt, in der Novelle geblieben sind, zerfallen in zwei Abtheilungen.

1) Die Erschwerungen der Anzeigepflicht. Diese Pflicht ist keineswegs etwas ganz Neues. Schon nach § 76 des Krank.-Vers.-Ges. von 1883 und § 27 des Hülfsk.-Ges. von 1876/84 waren die Hülfskassen verpflichtet, der Aufsichtsbehörde, bezw. der von dieser errichteten Melde-

stelle das Ausscheiden der Mitglieder anzuzeigen. § 49a der Novelle hat die Verpflichtung verallgemeinert und dahin erweitert, daß auch jedes Uebertreten eines versicherungspflichtigen Mitglieds in eine niedrigere Mitgliederklasse (Unterstützungsstufe) anzuzeigen ist — letzteres mit Rücksicht auf den neuen Maßstab der Mindestleistung an Krankengeld (s. § 75 Abs. 1). Andrerseits ist aber die Frist der Anzeige von einer Woche auf einen Monat verlängert worden, so daß Erschwerung und Erleichterung sich nahezu ausgleichen dürften. Das Bedenklichste für die verzweigten Hülfskassen liegt darin, daß die Anzeigepflicht den örtlichen Verwaltungsstellen bezw. denjenigen Mitgliedern, welche die Rechnungsgeschäfte derselben führen, obliegt und nach § 81 unter eine Geldstrafe bis zu 20 Mk. gestellt ist. Allein auch diese Bestimmungen bestanden schon bisher und werden auch in dem erweiterten Umfang ertragen werden, wenn die geschäftsführenden Personen der Verwaltungsstellen die Gewissenhaftigkeit anwenden, die den Vertrauensmännern freier Genossenschaften geziemt.

Das Gleiche gilt von den neuen Pflichten gemäß §§ 76a bis 76d, wonach einerseits den Behörden von Gemeinden und Armenverbänden Auskunft mit Rücksicht auf die Armenpflege zu ertheilen, andrerseits den Berufsgenossenschaften der Unfallversicherung und den Versicherungsanstalten der Invaliditäts- und Altersversicherung Einsicht in die Bücher der Hülfskassen zu gestatten bezw. Anzeigen betreffs Unfallerkrankungen zu erstatten sind. Die ganz gleichen Pflichten liegen auch den Zwangskassen ob, und da sie im Interesse der Armen-, Unfall- und Invaliditäts-Unterstützung — wie diese nun einmal gesetzlich organisirt sind — erfordert werden, so können die Hülfskassen sich über diese Gleichstellung nicht beklagen. Die Verpflichtung kann mitunter beschwerlich sein, aber niemals unerträglich.

2) Die Erschwerungen der gesetzlichen Mindestleistungen, laut § 75, welche wieder nach zwei Richtungen stattfinden.

a) Nach § 75 Abs. 1 des bisherigen Gesetzes hatte eine Hülfskasse, um ihre Mitglieder von der Zwangskassen-Angehörigkeit zu befreien, allen ihren Mitgliedern mindestens diejenigen Leistungen zu gewähren, welche nach § 6 in der Gemeinde, in deren Bezirk die Kasse ihren Sitz hat, von der Gemeinde-Krankenversicherung zu gewähren sind. Nach § 75 Abs. 1 der Novelle dagegen sind für das einzelne Mitglied, das befreit sein will, die Mindestleistungen (d. h. als Grundlage des Krankengeldes der ortsübliche Tagelohn) derjenigen Gemeinde maßgebend, in deren Bezirk der Versicherungspflichtige beschäftigt ist. Hierin liegt offenbar die Erschwerung für Mitglieder und Kasse (d. h. in der Regel nur verzweigte Kassen), daß auf Verlangen nicht nur die Mitgliedschaft überhaupt, sondern auch die genügende Mitgliederklasse nachgewiesen werden muß und daß bei Veränderung des Beschäftigungsorts, wenn der neue Ort einen höheren Tagelohn hat, als der alte, möglicherweise der Uebertritt in die entsprechende höhere Mitgliederklasse (Unterstützungsstufe) erfolgen muß. (Nur „möglicherweise", denn die Mitglieder der freien Kassen sind meist höher versichert, als die gesetzliche Mindestleistung gemäß ihrem Beschäftigungsorte es erheischt.)

Allein die eventuell erforderliche Erhöhung der Versicherung und deren Nachweis wird durch den 2. Absatz des § 75 so gut wie unschädlich gemacht, indem die Befreiung des Mitgliedes in diesem Falle um zwei Wochen verlängert, also reichliche Zeit zur Bewirkung der höheren Versicherung gewährt wird. Die neue Bemessung bringt überdies den erheblichen Vortheil mit sich, daß die Hülfskassen sich auch auf dem Boden des § 75 viel freier gestalten und bewegen können, als bisher. Sie sind nunmehr in der Lage, nicht nur verschiedene Stufen mit ganz beliebiger Höhe des Krankengeldes, sondern auch verschiedene Abtheilungen für versicherungspflichtige und nicht versicherungspflichtige Mitglieder einzuführen, was von großer Tragweite für die Erhaltung und Ausdehnung der Hülfskassen ist (s. unter b). So dürfte denn die Ansicht der meisten Sachkundigen berechtigt sein, daß diese Aenderung des § 75 als überwiegend vortheilhaft für die freien Kassen zu erachten ist.

b. Dagegen muß die zweite Richtung, nach welcher die gesetzliche Mindestleistung für die Hülfskassen in § 75 der Novelle geändert ist: die Verpflichtung, ärztliche Behandlung und Arznei in natura, nicht, wie es bisher gestattet war, in Form der Erhöhung des Krankengeldes, zu gewähren, unzweifelhaft als ein schweres Unrecht gegen die freien Kassen anerkannt werden. Das liegt auf der Hand und ist gerade vom Verfasser in Wort und Schrift, innerhalb und außerhalb des Reichstags aufs Eindringlichste vertreten worden. Nur um die Frage handelt es sich hier, ob durch diese eine unleugbar nachtheilige Bestimmung die Existenz der freien Kassen auf Grund des § 75 fernerhin unmöglich gemacht wird? Diese Frage müssen wir nach eingehendster Prüfung und in Uebereinstimmung mit einer großen Zahl bewährter praktischer Kassenvorstände verneinen.*)

Ganz unzweifelhaft ist es zunächst, daß lokale Hülfskassen zur Naturalleistung ärztlicher Behandlung und Arznei befähigt sind. Der Vorstand kann ohne Schwierigkeit und Kosten persönlich mit den am gleichen Ort oder in nächster

*) In den kombinirten Sitzungen der Gewerkvereins-Hülfskassen, welche auch diesmal zuerst zu der Novelle Stellung nahmen (seit 1. April 1892 zu Berlin), waren die Ansichten der Vertreter getheilt, jedoch überwiegend für die Aufrechterhaltung des § 75. Noch weit größer war die Mehrheit für diesen Entschluß in der Konferenz der freien Hülfskassen (hauptsächlich „Centralkassen") am 19. und 20. April zu Hamburg, indem 68 Vertreter für und nur 5 gegen die Aufrechterhaltung stimmten.

Nähe wohnhaften Aerzten und Apothekenbesitzern verkehren, die erforderlichen Vereinbarungen treffen und später über die Handhabung der Krankenpflege und etwaige Aenderungen der Verträge und Anweisungen verhandeln. Wenn es schon bisher den Hülfskassen meistens unschwer gelungen ist, ihre Kassenärzte zur Ausstellung der Aufnahme-, der Krankheits- und der Genesungs-Atteste zu gewinnen, so wird dies künftig mindestens in demselben Maße gelingen, wo es die ganze ärztliche Behandlung gilt, das Interesse der Aerzte also in weit höherem Grade an die Hülfskassen geknüpft sein wird. Ja es ist mit Sicherheit eine bedeutende Besserung in dem wichtigen Verhältniß zwischen Aerzten und freien Kassen zu erwarten. Die sechsjährigen Erfahrungen seit Inkrafttreten des Krankenversicherungs-Gesetzes haben bekanntermaßen bei der Mehrzahl der deutschen Aerzte die Illusionen zu Gunsten der Zwangskassen zerstört und in Verbindung mit den jüngsten Reichstagsverhandlungen die Würdigung der freien Aerztewahl und damit des freien Kassenwesens — welchem dies persönliche Vertrauen zum Arzte naturgemäß in erster Reihe werthvoll und maßgebend ist — vom sittlichen, hygienischen und pekuniären Standpunkt außerordentlich gehoben und verallgemeinert. Die Hülfskassen haben sonach gewiß im Allgemeinen auf ein freundliches Entgegenkommen der Aerzte nach jeder Richtung zu rechnen, und wo es ausnahmsweise anders sein sollte, da dürfte die notorisch ungemein große Zunahme der Aerzte, von denen viele, zumal jüngere, wenig oder keine Praxis haben, bald Abhülfe bringen.

Sehr bedeutend wird die Lage der freien Kassen in dieser, wie in vielen anderen Beziehungen erleichtert und verbessert werden durch festes Zusammenschließen für die einzelnen Gemeinden und Gegenden, wie für das ganze Reich, zur Förderung der gemeinsamen Interessen.

Dasselbe Recht der Vereinigung zu Verbänden, das den Zwangskassen durch § 46 d. Krk.=Vers.=Ges. verliehen ist, steht laut § 35 d. Hülfsk.=Ges. auch den Hülfskassen zu; daß die Verbände der letzteren die in § 46 aufgeführten Maßnahmen, insbesondere: „2. die Abschließung gemeinsamer Verträge mit Aerzten, Apotheken, Krankenhäusern und Lieferanten von Heilmitteln und anderer Bedürfnisse der Krankenpflege“, ebenfalls treffen können, ist seitens der verbündeten Regierungen in der Reichstagskommission ausdrücklich bestätigt worden. Offenbar hat ein Verband von Hülfskassen, der so und so viel Hunderte, Tausende oder gar Zehn= und Hunderttausende von Mitgliedern repräsentirt, eine weit günstigere Stellung zur Abschließung von Verträgen 2c., als eine einzelne Hülfskasse. Mit Recht haben daher die Kassenvorstände, die den § 75 aufrecht erhalten wollen, vor allem die Nothwendigkeit der Verbandsbildung hervorgehoben; es kann lokalen, wie verzweigten Hülfskassen nicht dringend genug der Anschluß an solchen Verband empfohlen werden. Wenn irgendwo, so gilt hier der alte Spruch: Einigkeit macht stark!*)

Man befürchtet vielfach, daß, wenn auch Aerzte und Apotheken sich finden, doch die Kosten für dieselben den freien Kassen unerschwinglich sein werden. Das mag für einzelne wenige Orte bisher richtig gewesen sein, als allgemeine Regel stellen sich, zumal bei Verbandsbildung, die Kosten für ärztliche Behandlung und Arznei mäßig und für die Verhältnisse der Hülfskassen erträglich. Das beweisen schon die sog. Medicinalkassen und Medicinalverbände, die über ganz Deutschland

---

*) Von einem großen Theile der Vertreter sowohl der Gewerkvereins=Hülfskassen (welche fast sämmtlich schon seit Jahren einen Kartellvertrag unter sich abgeschlossen haben), als auch der in Hamburg repräsentirten freien Kassen ist die Gründung von Verbänden für ganz Deutschland beschlossen worden. Das schließt nicht aus, daß auch kleinere und engere Verbände sich bilden.

verbreitet sind und den Mitgliedern der freien Kassen theils nur ärztliche Behandlung, theils nur Medicin und andere Heilmittel, größtentheils aber beides gewähren, und zwar ganz überwiegend gegen Beiträge von 5 bis 10 Pf. wöchentlich. Aus den Erfahrungen dieser Kassen, welche die neue Verpflichtung der Hülfskassen gewissermaßen schon im voraus erfüllt haben, wie aus der amtlichen Statistik, wonach die Kosten der Zwangskassen für Arzt, Arznei und andere Heilmittel 4,26 Mk. pro Mitglied und Jahr betragen, wie endlich aus den direkten Ergebnissen solcher Hülfskassen, die jetzt schon freie Kur gewähren, geht hervor, daß die Kosten für ärztliche Behandlung in der Regel mit 3 Mk., die für Arznei 2c. mit 1 Mk. pro Mitglied und Jahr, zusammen also mit 4, höchstens 5 Mk. gedeckt werden können. Da nun die eingeschriebenen Hülfskassen laut amtlicher Statistik durchschnittlich 12,90 Mk. pro Mitglied und Jahr an „Krankheitskosten" überhaupt verausgaben, so bleiben nach Abzug von 4 Mk. noch immer fast 9 Mk. für Krankengeld.

Die Hülfskassen sind übrigens nach § 75 Abs. 3 nicht verpflichtet, auch nur allen ihren versicherungspflichtigen Mitgliedern freie Kur in natura zu leisten, sie können diejenigen, die zugleich einer Zwangskasse (einschl. der Gemeinde-Krankenversicherung) angehören, durch Erhöhung des Krankengeldes um $^1/_4$ des ortsüblichen Tagelohnes ihres Beschäftigungsortes abfinden, für diese also den bisherigen Modus einfach aufrecht erhalten. Besonders für Hülfskassen, welche eine größere Zahl solcher Doppeltversicherter enthalten und vielleicht größeren Schwierigkeiten bei Gewährung freier Kur begegnen, empfiehlt sich die Benutzung dieses Verfahrens; dasselbe dürfte auch den Mitgliedern erwünscht sein, wenn sie mit der Krankenpflege der Zwangskasse zufrieden sind. Hier muß sorgfältig von Fall zu Fall entschieden werden.

Aehnlich verhält es sich bei der praktisch wichtigen Frage, in welcher Weise die Honorirung der Aerzte stattzufinden hat. Ist es besser, die einzelnen Leistungen des Arztes nach einer vereinbarten Taxe zu vergüten, oder ein Pauschquantum pro Jahr und Mitglied, oder endlich ein festes Gehalt zu vereinbaren? Das letzte Verfahren, bei den Zwangskassen das übliche, eignet sich entschieden nicht für freie Kassen, da es nothwendig zu einem höchst schädlichen Arztmonopol führt, dem geraden Gegentheil des freien Kassenwesens. Von den beiden anderen Systemen aber besitzt jedes seine besonderen Vor- und Nachtheile, so daß die Wahl zwischen beiden nicht leicht ist. Vom Standpunkt des Arztes und des Patienten dürfte die Vergütung nach Leistungen vorgezogen werden, vom Standpunkt der Kasse und damit der Gesammtheit der Mitglieder hingegen das Pauschquantum vermöge der größeren Einfachheit und wohl auch Billigkeit. Allerdings wird durch letzteres System die freie Aerztewahl mehr oder weniger beschränkt; es könnte z. B. nicht in das Belieben der kranken Mitglieder gestellt werden, innerhalb des Jahres oder des sonst vereinbarten Zeitraums mit den Aerzten zu wechseln.

Es giebt aber glücklicherweise ein sinnreiches neues System, das die Vorzüge der zwei letzt erwähnten Arten kombinirt, freilich unter der Voraussetzung, daß auf beiden Seiten, bei den Kassen wie bei den Aerzten, das segensreiche Prinzip der Vereinigung durchdringt. Es wird alsdann zwischen dem Hülfskassen-Verband und dem Aerzte-Verein oder -Verband ein Pauschquantum pro Kassenmitglied und Jahr vereinbart, der Gesammtbetrag desselben aber unter den einzelnen betheiligten Aerzten je nach den einzelnen Leistungen, gemäß Tarif repartirt, so daß die Kassen feste Pauschquanten zahlen, die Aerzte aber nach ihren Leistungen empfangen. Dieses vortreffliche System gewährt beiden Theilen den denkbar größten Schutz ihrer Interessen, es sichert namentlich die Kassen gegen den Mißbrauch unnöthig häufiger ärztlicher Besuche

u. s. w., die Patienten und Aerzte gegen die Beschränkung der freien Vertrauenswahl und sorgfältigerer Behandlung. Zumal da, wo eine größere Zahl von Aerzten zur Verfügung steht, sollte daher von beiden Seiten Alles aufgeboten werden, um dieses unstreitig vollkommenste System einzuführen!

Viel einfacher liegt es mit der Beschaffung der Arznei und anderer Heilmittel. Hier kann es sich nur darum handeln, einerseits durch Vereinbarung möglichst großen Rabatts mit den Apothekenbesitzern, andererseits durch solche mit den Aerzten, wonach diese die billigsten, von der Wissenschaft unbeschadet der Heilwirkung empfohlenen Arzneien*) verschreiben, die Kosten der Medikamente ohne den geringsten Nachtheil für die Kur zu vermindern.

Abgesehen von der Humanität wird auch das wohlverstandene dauernde Interesse gewiß die große Mehrzahl der Apothekenbesitzer veranlassen, wie den Krankenkassen überhaupt, so insbesondere den Hülfskassen möglichst entgegen zu kommen. Die zum Theil übermäßig hohen Arzneitaxen haben bekanntlich eine berechtigte Unzufriedenheit und eine ernste Bewegung in den Arbeiterkreisen hervorgerufen, letztere mit dem Ziele, entweder eigene Apotheken seitens der Krankenkassen zu errichten oder das Apothekenwesen überhaupt zu verstaatlichen. Es wäre gewiß wohlgethan, solchen Plänen durch freiwillige Verbilligung der Medikamente den Boden zu entziehen, damit die in den Krankenkassen fast ausschließlich vertretenen ärmeren Volksklassen nicht länger eine so enorme Gesundheitssteuer an Private zu entrichten gezwungen sind.

---

*) Vgl. das ausgezeichnete, autoritative Buch: Berechnung und Verordnung von Arzneien. Im Auftrage des Allgemeinen Deutschen Knappschaftsverbandes zusammengestellt von Dr. Oscar Liebreich, Geh. Medicinal-Rath, o. ö. Professor der Kgl. Universität Berlin (unter Mitwirkung der Herrn Dr. F. Dronke). 1891. Berlin SW., Königgrätzerstraße 85a. Selbstverlag des genannten Verbandes. Dieses wissenschaftlich-praktische Werk ist gerade jetzt willkommen zu heißen.

Soweit die Hülfskassen von der freien Kur und Verpflegung in einem Krankenhause gemäß § 7 des Krk.-Vrs.-Ges. Gebrauch machen können und wollen (da sie dazu nur berechtigt, nicht verpflichtet sind; s. folgd. Muster-Statut § 7), werden sie dieselben Bedingungen erstreben und ohne Zweifel erlangen, wie die Zwangskassen. Endlich mit Lieferanten von Heilmitteln und anderen Bedürfnissen der Krankenpflege, wie Drogen, Bandagen, Brillen u. s. w. pflegten bisher schon billige Preise verabredet zu werden, und dürfte dies in Zukunft bei Verbandsbildung noch allgemeiner und in größerem Maße gelingen.

Wenden wir uns nunmehr zu den verzweigten (nationalen, centralisirten) Hülfskassen, so finden wir bezüglich der freien Kur den einzigen Unterschied gegenüber den lokalen Kassen, daß bei ersteren die Vorstände in der Regel nicht in persönlichen Verkehr mit den Aerzten, Apothekern u. s. w. der vom Sitze der Kasse entfernteren Städte und Orte treten, überhaupt die Handhabung der neuen Kassenleistungen nicht unmittelbar leiten und überwachen können. Daß hierin eine vermehrte Schwierigkeit liegt, kann und soll nicht in Abrede gestellt werden; ja, die Schwierigkeit würde ernste Bedenken erregen, wenn die Versicherten in den anderen Orten nur in losem, mechanischem Zusammenhang mit der Centrale ständen. Das ist aber zum Glück nicht der Fall; durch die Einrichtung der örtlichen Verwaltungsstellen, welche das Gesetz ausdrücklich sanktionirt hat, besitzen die freien Kassen bei aller erforderlichen Centralisation zugleich vorzügliche Organe für die lokalen Bedürfnisse und Geschäfte. Die örtliche Verwaltungsstelle bildet nahezu das Aequivalent einer lokalen Kasse: was einerseits durch das möglicherweise verminderte Interesse der örtlichen Mitglieder und Vorstände (in Folge der gesicherten Aushülfe durch die Gesammtkasse) fehlt, das wird andererseits ersetzt durch die meist intelligentere und energischere Centralleitung, die sich bis in die kleinsten und abgelegensten Orte geltend macht.

Sind doch die Aufgaben, um deren Erfüllung es sich künftig handelt, durchaus keine ganz neuen. Schon bisher hatten die Verwaltungsstellen sich vielfach um Aerzte und Krankenpflege zu kümmern; sie hatten Vertrauensärzte für die Atteste zu wählen und die für Krankenkassen so entschieden wichtige, durchaus örtliche Krankenkontrolle auszuüben, letzteres gewiß der sicherste Prüfstein für ihre Verwaltungsfähigkeit! Ja bei manchen verzweigten Hülfskassen hatten sie schon seit Jahren direkt die Besorgung der freien ärztlichen Behandlung und Arznei für die Erwerbsfähig-Kranken in Händen, d. h. genau dieselbe Aufgabe, nur in geringerem Umfange, was aber an der Sache selbst nichts ändert. Es giebt sogar eine freie Kasse mit zahlreichen Verwaltungsstellen, die „Zentralkasse der Zimmerer", die schon bisher aus eigenem Antrieb auch ihren erwerbsunfähigkranken Mitgliedern freie ärztliche Behandlung, Arznei u. s. w. gewährt und sich gut dabei gestanden hat. Was dieser Hülfskasse im ganzen, und den anderen im beschränkteren Umfang gelungen ist, liefert doch unbestreitbar den Beweis, daß die Durchführung der nunmehr gesetzlichen Vorschrift auch den verzweigten Hülfskassen im Allgemeinen möglich ist.

Dabei kommt ihnen speziell noch zu gute, was ja auch für die lokalen Kassen günstig ist: die bisherigen nicht unbedeutenden Kosten für die Erwerbsfähig-Kranken fallen als besonderer Ausgabeposten künftig weg, da dieselben bei den Gesammtkosten der freien Kur schon einbegriffen sind. Jene Extrakosten betrugen laut Reichs-Statistik für die Hülfskassen durchschnittlich ca. 62 Pf. pro Kopf und Jahr (= ca. $^1/_5$ der gesammten Kosten für Arzt und Arznei bei der Gemeinde-Krankenversicherung), die also bei der Berechnung der künftigen Mehrausgaben von den obigen Beträgen abzuziehen sind. Und als mindestens sehr wahrscheinlich ist anzunehmen, daß bei richtigem System der Vereinbarung mit den behandelnden Aerzten die Zahl der simulirten und leichtfertigen, besonders erwerbsfähigen Krankentage erheblich abnehmen, demnach eine weitere Ersparniß für die freien Kassen eintreten wird.

Zumal für die verzweigten Hülfskassen wird endlich die Verbandsbildung zur Erleichterung der Mühwaltung und Kosten ungemein beitragen. Indem der Verband einer größeren Zahl verzweigter Hülfskassen, welcher ganz Deutschland umfaßt, im Stande ist, in sehr vielen Städten und Orten, für die Verwaltungsstellen mit ihrer gesammten Mitgliederzahl gemeinsame Verträge mit Aerzten, Apotheken u. s. w. durch gemeinsame Verhandlung abschließen zu lassen, wozu der Verbandsvorstand nur Anleitung und Genehmigung zu ertheilen hat, wird die neue Verpflichtung offenbar der größten Schwierigkeiten entkleidet.

Aus obigen Darlegungen ergiebt sich, daß die sehr verbreitete Ansicht, in Folge der Novelle müßten die Hülfskassen unbedingt ihre Beiträge bedeutend erhöhen, eine irrige ist. Die Kosten für freie ärztliche Behandlung und Arznei werden sich, wie oben S. 25 ausgeführt, in der Regel durchschnittlich nicht höher belaufen, als das Viertel des ortsüblichen Tagelohns, das die Hülfskassen nach dem bisherigen § 75 an Stelle der Naturalleistung als Mindestkrankengeld gewähren mußten. Da nun, wie schon erwähnt, die meisten Hülfskassen mehr Krankengeld zahlen, als diese gesetzliche Verpflichtung erfordert, so bleibt nach Abzug der Kosten für Arzt und Arznei (4, höchstens 5 Mk. pro Mitglied und Jahr) noch ein mehr als genügendes Krankengeld. Andererseits ist aber in Betracht zu ziehen, daß die Mitglieder, wenn sie von der Hülfskasse freie Kur erhalten, die bisher direkt aufgewendeten Kosten für Arzt und Apotheke bezw. die dafür geleisteten Beiträge an Medicinalkassen ꝛc.

ersparen. Wenn die Mitglieder also, die das bisherige volle Krankengeld außer der freien Kur weiter beziehen wollen, etwas höhere Beiträge zu leisten haben, so werden sie auch hierdurch offenbar im Ganzen nicht höher belastet, als bisher.

Nach allem diesem glauben wir unsere Ansicht, daß die freien Kassen, lokale wie verzweigte, auch auf dem Boden der Novelle ihre Gleichberechtigung aufrecht zu erhalten vermögen, sachlich erwiesen zu haben. Freilich ist dabei zweierlei vorausgesetzt. Erstens, daß die freie Kasse, um die es sich handelt, an Haupt und Gliedern von ächtem festem Genossenschaftsgeist und der davon untrennbaren Thatkraft und Ausdauer beseelt ist — ohne Anstrengung ist der Uebergang zu einem neuen Zustande allerdings nicht zu erwirken. Und zweitens, daß die Kasse nicht schon jetzt unter dauernd ungünstigen finanziellen Verhältnissen leidet, so daß sie auch den Verpflichtungen des alten § 75 nicht mehr hätte genügen können. Besteht eine solche traurige Lage und ist es unmöglich, durch Extrasteuern oder Erhöhung der regelmäßigen Beiträge Ermäßigung bezw. Unterstützungen den Reservefonds auf die vorgeschriebene Höhe zu bringen, dann freilich bleibt nichts übrig, als den § 75 fallen zu lassen.

Auch dann aber ist es in der Regel nicht nöthig und nicht räthlich, die Hülfskasse aufzulösen. Vielmehr ist es dann dringend zu empfehlen, die Kasse in eine freie Hülfskasse allein auf Grund des Hülfskassen-Gesetzes, also in eine Zuschuß- oder Aushülfskasse umzuwandeln. Auch in dieser Beschränkung kann die Kasse ihren Mitgliedern noch gute Dienste leisten, während sie durch Wegfall der Verpflichtungen und Beschränkungen, welche das Krankenversicherungs-Gesetz auferlegt (z. B. bezüglich der Karenzzeit, der Erwerbsfähig-Kranken) mit den alten Beiträgen auszukommen vermag. Mit solcher Umwandlung, die wir als einen Nothbehelf betrachten, haben wir uns hier nicht weiter zu beschäftigen. Diese Schrift ist dazu bestimmt, die Hülfskassen, die es irgend vermögen, zur Hochhaltung ihres vollen gesetzlichen Rechtes der Kassenfreiheit und =Gleichheit anzuregen und anzuleiten.

Muster=Statuten

für

freie eingeschriebene Hülfskassen

auf Grund

der Gesetze über die eingeschriebenen Hülfskassen vom $\frac{\text{7. April 1876}}{\text{1. Juni 1884}}$ und betreffend die Krankenversicherung der Arbeiter vom $\frac{\text{15. Juni 1883}}{\text{10. April 1892}}$.

Allgemeine Vorbemerkung.

Eingeschriebene Hülfskassen dürfen nur zum Zweck der Krankenunterstützung und Zahlung von Sterbegeldern errichtet werden und darf das Statut keine Bestimmung enthalten, welche mit dem Zwecke der Kasse nicht in Verbindung steht. Vergl. Hülfsk.=Ges. §§ 1, 3, 13.

Für diejenigen Kassen, welche örtliche Verwaltungsstellen errichten wollen, gelten die ausführlichen Bestimmungen des § 19a, 19b, 19c, 19d und Artikel 14 der Hülfsnovelle vom 1. Juni 1884. Die für die Statuten solcher verzweigten Kassen erforderlichen wesentlichen Aenderungen und Zusätze werden unter **B.** mitgetheilt.

Für die Zulassung beider Arten von Hülfskassen gelten die folgenden Bestimmungen des § 4 des Hülfsk.=Ges.:

„Das Statut ist in zwei Exemplaren dem Vorstande der Gemeinde, in deren Bezirk die Kasse ihren Sitz nimmt, von den mit der Geschäftsleitung vorläufig betrauten Personen oder von dem Vorstande der Kasse in Person einzureichen. Der Gemeinde=Vorstand hat das Statut der höheren Verwaltungsbehörde ungesäumt zu übersenden, diese entscheidet über die Zulassung der Kasse. Der Bescheid ist innerhalb sechs Wochen zu ertheilen.

Die Zulassung darf nur versagt werden, wenn das Statut den Anforderungen dieses Gesetzes nicht genügt. Wird die Zulassung versagt, so sind die Gründe mitzutheilen. Gegen die Versagung steht der Rekurs zu; wegen des Verfahrens und der Behörden gelten die Vorschriften der §§ 20 und 21 der Gewerbeordnung. Wird die Zulassung ausgesprochen, so ist eine Ausfertigung des Statuts, versehen mit dem Vermerke der erfolgten Zulassung, zurückzugeben.

Abänderungen des Statuts unterliegen den gleichen Vorschriften. Ueber die Zulassung einer Abänderung durch welche der Sitz der Kasse verlegt werden soll, hat die Behörde des alten Sitzes zu entscheiden.

Die Zulassung einer Kasse, welche örtliche Verwaltungsstellen einrichtet, ist bei derjenigen Verwaltungsbehörde zu erwirken, in deren Bezirk die Hauptkasse ihren Sitz nimmt."

☛ Hülfskassen, welche die **Berechtigung** erlangen wollen, daß ihre Mitglieder gemäß § 75 d. Kr.-Vers.-Ges. von der Verpflichtung, einer Zwangskasse anzugehören, befreit sind, haben **außerdem**, nach § 75a d. Kr.-Vers.-Ges., einen Antrag auf Bescheinigung darüber an die **Centralbehörde** (Ministerium, Senat) ihres Bundesstaats, bezw. wenn der Bezirk der Kasse über die Grenzen eines Bundesstaates hinausreicht, an den **Reichskanzler** zu richten.

A.

Statut
für
lokale Hülfskassen.

Name, Sitz und Zweck der Hülfskasse.

§ 1.

Die Hülfskasse führt den Namen .... eingeschriebene Hülfskasse, der Sitz derselben ist in N.......... Die Hülfskasse bezweckt, in Gemäßheit des Gesetzes über die eingeschriebenen Hülfskassen vom $\frac{\text{7. April 1876}}{\text{15. Juni 1884}}$ und des Gesetzes betreffend die Krankenversicherung der Arbeiter vom $\frac{\text{15. Juni 1883}}{\text{10. April 1892}}$, die gegenseitige Unterstützung der Mitglieder für den Fall der Krankheit und die Gewährung einer Beihülfe für die Hinterbliebenen verstorbener Mitglieder.

(Der Name der Kasse kann nach Belieben gewählt werden, muß jedoch von dem aller anderen an demselben Orte oder in derselben Gemeinde befindlichen Hülfskassen verschieden sein und die zusätzliche Bezeichnung „eingeschriebene Hülfskasse" enthalten.)

Erlangung der Mitgliedschaft.

§ 2.

Mitglied kann nur werden, wer in N. wohnt,

a) gesund ist,

b) das ...... Lebensjahr noch nicht überschritten hat.

Vor der Aufnahme hat jedes Mitglied sich der Untersuchung des Kassenarztes zu unterziehen, und demselben sein genaues Alter, die Krankheiten, an welchen es leidet oder in den letzten fünf Jahren gelitten hat, die körperlichen Gebrechen, mit denen es etwa behaftet ist oder war, gewissenhaft auch ohne specielle Fragen anzugeben, sowie den Schein, auf welchem diese Angaben zu verzeichnen sind, mit zu unterschreiben. Falsche Angaben ziehen den Verlust der Mitgliedschaft nach sich. Die Gebühr für die ärztliche Untersuchung hat das sich meldende Mitglied auch im Falle der Zurückweisung zu bezahlen. Die Aufnahme neuer Mitglieder geschieht durch den Vorstand.

Zum Beitritt der Mitglieder ist eine schriftliche Erklärung oder die Unterzeichnung des Statuts erforderlich. Handzeichnungen Schreibensunkundiger bedürfen der Beglaubigung durch ein Mitglied des Vorstandes.

(Es können für die Aufnahme auch noch andere Bedingungen vorgeschrieben werden, die Mitgliedschaft kann z. B. auf besondere Berufsklassen, auf die Mitglieder eines bestimmten Vereins, beschränkt, andrerseits über den Ort des Sitzes der Gesellschaft hinaus auf größere Bezirke ausdehnt werden; in letzterer Hinsicht ist jedoch zu berücksichtigen, daß mit der Entfernung vom

Wohnorte des oder der Aerzte die Kosten der freien Kur bedeutend zunehmen. Für die unter b zu bezeichnende Grenze des Lebensalters wird das 40., höchstens 45. Jahr empfohlen.)

Verlust der Mitgliedschaft.

§ 3.

Der Austritt aus der Hülfskasse steht den Mitgliedern jederzeit frei; er erfolgt durch schriftliche Anzeige an den Vorstand und wird mit dem Tage der Anzeige wirksam.

Der Ausschluß aus der Hülfskasse kann nur erfolgen, wenn ein Mitglied

a) mehr als ...... Wochenbeiträge schuldet;
b) bei der Aufnahme ein chronisches Uebel, einen inneren oder äußeren Schaden verheimlicht oder falsche Altersangaben gemacht hat;
c) durch Vorgeben oder Erheucheln einer Krankheit Krankengeld erschlichen, oder wissentlich dazu mitgewirkt hat, daß unberechtigten Personen Kranken- oder Begräbnißgeld gewährt worden ist;
d) eine andere strafbare Handlung, welche eine Verletzung der Bestimmung des Statuts in sich schließt, begangen hat.

Im Falle andauernder Verdienstlosigkeit kann die Frist von ...... Wochen durch den Vorstand auf höchstens weitere ...... Wochen verlängert werden.

Die rückständigen Beiträge sind durch Nachzahlung in spätestens einem halben Jahr bezw. durch Abzug von dem Kranken- oder Begräbnißgelde auszugleichen.

Der Ausschluß erfolgt durch den Vorstand. Dem Ausgeschlossenen steht hiergegen die Beschwerde an die Generalversammlung zu.

Ausgetretene und ausgeschlossene Mitglieder bleiben der Kasse zur Zahlung der Beiträge bis zum Schluß der Woche, in welcher der Austritt bezw. Ausschluß erfolgt ist, verpflichtet. Im Falle der Nichtzahlung können die Beiträge gerichtlich eingetrieben werden.

(Als Frist zu a ist vier Wochen zu empfehlen, höchstens sechs Wochen; längere Stundung, außer bei nachgewiesener Verdienstlosigkeit, begünstigt nur die Lässigkeit und führt zum Ausschluß. Die ausnahmsweise Stundung durch den Vorstand (Abs. 3), sollte auch höchstens sechs Wochen betragen.)

§ 4.

Mitglieder, welche zum Militärdienst eingezogen werden, scheiden während desselben aus der Kasse, treten aber nach beendeter Dienstzeit in ihre früheren Rechte wieder ein, sobald sie der Anforderung des § 2 zu a) genügen.

Sind Mitglieder wegen Zahlungsversäumniß gestrichen, so können dieselben nur unter denselben Bedingungen wie neu eintretende Mitglieder wieder aufgenommen werden.

§ 5.

Ein Mitglied, welches aus N. (der Gemeinde, in der die Kasse ihren Sitz hat) verzieht, scheidet aus der Kasse aus. Zieht dasselbe wieder zu, so tritt es in seine früheren Rechte ein, wenn es auch inzwischen das .... Lebensjahr überschritten hat, sonst aber den übrigen Erfordernissen des § 2 genügt.

Die Anmeldung zum Wiedereintritt muß aber innerhalb vierzehn Tage, von dem Tagen des Zuzugs an gerechnet, bei dem Vorstand der Kasse erfolgen.

(Diese Bestimmung ist besonders bei Gewährung freier ärztlicher Behandlung und Arznei erforderlich, wenn die Lebensfähigkeit einer lokalen Kasse nicht gefährdet werden soll. Durch Errichtung örtlicher Verwaltungsstellen [s. die Zusätze für verzweigte Hülfskassen] oder auch durch Kartell mit Hülfskassen in anderen Orten kann jedoch ermöglicht werden, daß bei Veränderung des Wohnsitzes ein Verlust der Mitgliedschaft nicht stattfindet.)

Pflichten und Rechte der Mitglieder, betr. die Krankenunterstützung.

§ 6.

Jedes eintretende Mitglied zahlt bei seiner Aufnahme ein Eintrittsgeld von ...., wofür es ein Mitgliedsbuch (Statut mit Quittungsrubriken) erhält.

Die laufenden Beiträge richten sich nach dem Eintrittsalter und der Höhe des versicherten Krankengeldes, laut nachfolgenden Bestimmungen. [Oder: Der wöchentliche Beitrag wird auf ...... Pf. festgesetzt.]

(Das Eintrittsgeld beträgt in der Regel 50 Pf. bis 1 Mk., für jugendliche und weibliche Mitglieder die Hälfte.

Bezüglich der Beiträge ist hauptsächlich Folgendes zu beachten:

a. Ein einheitlicher Beitrag ist das Einfachste und Bequemste, aber dennoch in der Regel nicht zu empfehlen. Erstens, weil sowohl die Vorschrift des Krankenversicherungsgesetzes (§ 8 Abs. 2), verschiedene Festsetzung des ortsüblichen Tagelohnes für männliche und weibliche, erwachsene und jugendliche Personen, als auch die verschiedene wirthschaftliche Lage der Mitglieder in der Regel mindestens 3 Unterstützungsklassen bedingen. Zweitens aber, weil nach den unbedingt zuverlässigen Ergebnissen der Krankheitsstatistik die Häufigkeit und Dauer der Krankheiten durchschnittlich mit dem Alter zunimmt, so daß Mitglieder, die in vorgerückterem Lebensalter beitreten, im Durchschnitt bedeutend höhere Ausgaben verursachen, demnach auch gerechter und rationeller Weise höhere Beiträge zu leisten haben.

b. Die Höhe der Beiträge für eine bestimmte, zumal lokale, Kasse im Verhältniß zu der dafür zu gewährenden Krankenunterstützung läßt sich nicht im voraus mit Sicherheit feststellen, am wenigsten schablonenmäßig nach den Beitragssätzen anderer Kassen, sondern ergiebt sich erst durch längere Erfahrung. Um so mehr ist es zu empfehlen, die Beiträge im Anfang nicht zu niedrig zu bemessen und den Rath eines bewährten Sachverständigen einzuholen. Die Beiträge bestehender Krankenkassen schwanken (abgesehen von Altersstufen) zwischen 15 und 24 Pf. wöchentlich für 6 Mk.

wöchentliches Krankengeld (ohne ärztliche Behandlung und Arznei!) bis zur Dauer von 26 Wochen.

§ 7.

Als Krankenunterstützung ist zu gewähren:

1. vom Beginn der Krankheit ab freie ärztliche Behandlung, Arznei, sowie Brillen, Bruchbänder und ähnliche Heilmittel;
2. im Falle der Erwerbsunfähigkeit vom dritten Tage nach dem Tage der Erkrankung ab ein Krankengeld in Höhe der Hälfte des in N. ortsüblichen Tagelohnes gewöhnlicher Tagearbeiter.

Versicherungspflichtige Mitglieder haben sich demnach mindestens in derjenigen Unterstützungsstufe zu versichern, welche die unter 2. bezeichnete Höhe erreicht.

Die Mitglieder erhalten in Krankheitsfällen, welche nach ärztlicher Bescheinigung ihre Erwerbsunfähigkeit verursachen, außer freier ärztlicher Behandlung und Arznei Krankengeld nach folgender Stufenleiter:

Altersklasse A. Eintritt unter 30 Jahren:

Stufe	I.	3 Mk.	wöchentlich,	Wochenbeitrag	Pf.
„	II.	6 „	„	„	„
„	III.	9 „	„	„	„
„	IV.	12 „	„	„	„

Altersklasse B. Eintritt vom 30. bis vollendetem 39. Lebensjahre:

(Stufen wie oben, Wochenbeiträge entsprechend höher.)

Altersklasse C. Eintritt vom 40. bis 45. Lebensjahre:

(wie unter Altersklasse B., mit wiederum höheren Wochenbeiträgen.)

(I. Obige Fassung gilt unter 2 Voraussetzungen:

a) daß die Kasse dem § 75 des Kr.=Vers.=Ges. genügen will,

b) daß sie Altersklassen und Unterstützungsstufen einführen, bezw. aufrechterhalten will [über letzteres s. Anmerkung zu § 5].

1. Auch dann ist eine andere Zahl und Eintheilung der Klassen und Stufen zulässig; zumal letztere haben sich nach dem obwaltenden Bedürfniß zu richten. Sind die Lohn- u. a. Verhältnisse der vorhandenen und zu erwartenden Mitglieder mehr gleichmäßig, so genügen weniger Stufen. Die gesetzliche Grenze des zu gewährenden Krankengeldes pro Tag liegt für Versicherungspflichtige nach unten in der Hälfte des ortsüblichen Tagelohnes der betr. Kategorie, nach oben in dem Betrage des durchschnittlichen Tagelohnes der höchstgelohnten Mitglieder. — Für jugendliche und weibliche Mitglieder können besondere Stufen, entsprechend ihrem ortsüblichen Tagelohn gebildet werden.
2. Betreffs der Altersklassen fällt die oberste selbstverständlich fort, wenn die Altersgrenze (§ 2 d. Stat.) durch das 40ste Lebensjahr gebildet wird; gerade von diesem Jahr ab pflegt die Morbidität [Zahl und Dauer der Krankheiten] bedeutend zu wachsen! — Die mittlere Erhöhung der Beiträge für obige 3 Altersklassen beträgt je ca. 15 Procent, also z. B. Klasse A. 20 Pf., Klasse B. 23 Pf., Klasse C. 26 Pf. Wochenbeitrag.
3. Besitzt oder erwartet die Hülfskasse eine größere Zahl von Mitgliedern, welche zwar an sich versicherungspflichtig sind, aber ihrer Versicherungspflicht schon in einer Zwangskasse, bezw. Gemeinde-Krankenversicherung genügen, und will sie von der Befugniß des § 75 Abs. 3 des Kr.-Vers.-Ges. Gebrauch machen, so ist im Statut als besonderer § der Inhalt jenes Absatzes wie folgt aufzunehmen:

   „Mitgliedern, welche zugleich der Gemeinde-Krankenversicherung oder einer auf Grund des Krankenversicherungs-Gesetzes errichteten Krankenkasse angehören, wird an Stelle der freien ärztlichen Behandlung und Arznei eine Erhöhung ihres Krankengeldes um ein Viertel des Betrages des ortsüblichen Tagelohnes in N. gewährt."

   An den Beiträgen ändert diese Bestimmung nichts.

II. Besitzt oder erwartet die Hülfskasse eine größere Zahl von Mitgliedern, welche überhaupt nicht versicherungspflichtig sind, so kann sie für diese eine besondere Abtheilung bilden, in welcher nur Krankengeld gewährt wird. Das Krankengeld muß in diesem Falle für die gleichen Beiträge etwa 4 bis $4^1/_2$ Mk. höher sein, als in der Abtheilung mit freier

Kur, kann aber selbstverständlich nur an erwerbsunfähig-kranke Mitglieder gewährt werden, an solche aber vom Beginn der Krankheit ab.

III. Verzichtet eine Hülfskasse auf die Berechtigung laut § 75 des Kr.-Vers.-Ges., so braucht dieselbe überhaupt nur Krankengeld zu gewähren. (Vergl. oben S. 32.)

IV. Nach § 7 des Krankenversicherungs-Gesetzes kann an Stelle der oben unter 1. und 2. angeführten Leistungen von der Kasse Kur und Verpflegung in einem Krankenhause gewährt werden. Will die Kasse hierauf eingehen (was bei ansehnlichen Beiträgen zu empfehlen ist), so nehme man den § 7 des Kr.-Vers.-Ges. wörtlich als besonderen § ins Statut auf.)

§ 8.

Die Woche wird zu sechs Arbeitstagen berechnet und das Krankengeld für die einzelnen Tage danach festgestellt. Die Zahlung erfolgt nach Ablauf der Woche, falls die Krankheit nicht früher endet.

Veränderung der Stufen sowohl nach oben wie nach unten ist mit Zustimmung des Vorstandes gestattet, jedoch darf ein Mitglied bei Erhöhung der Stufe das 45. Lebensjahr noch nicht überschritten haben. Das erhöhte Krankengeld tritt erst nach 13 Wochen seit dem Tage der Erhöhung ein, während bei Herabsetzung der Stufe das verminderte Krankengeld sofort eintritt.

Eine Erhöhung der Stufe, welche für versicherungspflichtige Mitglieder durch die Veränderung des Beschäftigungsortes geboten ist, bedarf nicht der Zustimmung des Vorstandes und tritt sofort in Kraft.

Neu eingetretene Mitglieder können sich während der ersten 13 Wochen nur in der untersten, der gesetzlichen Mindestleistung entsprechenden (§ 7 Abs. 1) Stufe versichern. Erkrankt ein Mitglied während der ersten 13 Wochen seiner Mitgliedschaft, so kann sich dasselbe erst nach Ablauf eines Jahres seit der eingetretenen Genesung in einer höheren Stufe versichern, ausgenommen, wenn dasselbe als versicherungspflichtig durch Veränderung des Beschäftigungsortes dazu verpflichtet ist.

(Die drei letzten Absätze fallen selbstverständlich fort, wenn die Kasse keine Unterstützungsstufen einführen will. Im letzten Absatz würden, falls es sich um nichtversicherungspflichtige Mitglieder handelt, die Worte „der gesetzlichen Mindestleistung entsprechenden" zu streichen sein.)

§ 9.

Kein Mitglied darf mehr als einer Krankenkasse neben dieser Kasse angehören. Die Angehörigkeit oder der Beitritt zu einer anderen Krankenkasse ist sofort dem Vorstande anzuzeigen, bei Strafe von 10 Mk.

Mitglieder, welche gleichzeitig anderweitig gegen Krankheit versichert sind, erhalten im Falle der Ueberversicherung aus dieser Hülfskasse nur denjenigen Theilbetrag ihres versicherten Krankengeldes, welcher zusammen mit dem Krankengelde, zu welchem sie bei den anderen Kassen bezw. bei der Gemeinde-Krankenversicherung versichert sind, den vollen Betrag ihres durchschnittlichen Tagelohns ausmacht.

In der höchsten Stufe dürfen sich Mitglieder nur dann versichern, wenn sie einer anderen Krankenkasse nicht angehören, bei Strafe von 10 Mk.

(In der Regel sollte ein Arbeiter oder sonstiger Versicherungsbedürftiger nur einer Krankenkasse angehören, zumal wenn diese, wie es die freien Kassen können und vielfach thun, ein dem Durchschnittsverdienst gleichkommendes Krankengeld versichert. Jedenfalls aber ist es nothwendig, die Kasse durch obige Bestimmungen gegen den Mißbrauch der Ueberversicherung zu schützen; es giebt kaum eine größere Versuchung, als besonders in ungünstiger Zeit durch Krankmeldung mehr Geld zu erlangen, als durch Arbeit. Man hüte sich vor solcher Humanität, die nur auf Kosten der gewissenhaften Mitglieder zu Gunsten der Simulanten ausgeübt wird und die Kasse selbst schwer schädigt!

Der Absatz 2 ist durchaus erforderlich, wenn verhütet werden soll, daß die andere, besonders die Zwangskasse allein den Betrag der Ueberversicherung vom Krankengelde abzieht, während die eigene Kasse den vollen Betrag des versicherten Krankengeldes zahlen muß. § 26a des Kr.-Vers.-Ges. lautet:

> „Kassenmitgliedern, welche gleichzeitig anderweitig gegen Krankheit versichert sind, ist das Krankengeld soweit zu kürzen, als dasselbe zusammen mit dem aus anderweiter Versicherung bezogenen Krankengelde den vollen Betrag ihres durchschnittlichen Tagelohnes übersteigen würde. Durch das Kassenstatut kann diese Kürzung ganz oder theilweise ausgeschlossen werden“

und es wurde Namens der verbündeten Regierungen ausdrücklich erklärt, daß die Zwangskassen nichts abziehen dürfen, wenn die betheiligte freie Kasse den betr. Abzug in ihrem Statut vorschreibt und bewirkt.

§ 10.

Sofort, spätestens 24 Stunden nach Beginn der Krankheit hat die Meldung beim Kassirer und die Einreichung des Krankenscheines zu erfolgen. Letzteren hat das erkrankte Mitglied bei der Krankmeldung vom Kassirer zu verlangen und auf demselben die Krankheit bezw. Erwerbsunfähigkeit vom Arzte bescheinigen zu lassen. Diese Bescheinigung ist wöchentlich zu erneuern. Mitglieder, welche die Krankmeldung und Einreichung bezw. Erneuerung des Krankenscheines über die vorgedachten Fristen hinaus verzögern, verfallen in Geldstrafe bis zu 10 Mk., wenn sie nicht nachweisen, daß ihnen die Innehaltung der Fristen unmöglich war.

Der Vorstand ist berechtigt, den Zustand des kranken Mitglieds durch einen anderen Arzt untersuchen zu lassen und nach dem Gutachten des letzteren zu entscheiden.

Ein krank und erwerbsunfähig gemeldetes Mitglied hat sich jeder Arbeit zu enthalten; es darf keine öffentlichen Lokale besuchen und hat die Anordnungen des Arztes, insbesondere bezüglich der zum Ausgehen erlaubten Stunden, gewissenhaft inne zu halten. Zuwiderhandeln hiergegen wird vom Vorstande mit einer Strafe bis zu 20 Mark geahndet.

(Auch diese Vorschriften sind von größter Wichtigkeit, um Simulation, Verschleppung und Verschlimmerung der Krankheiten zu verhüten. Betreffs der Aerzte s. § 12 Abs. 1.)

§ 11.

Für Mitglieder, welche während der ersten 13 Wochen ihrer Mitgliedschaft erkranken, endet die Krankenunterstützung spätestens mit dem Ablauf der 13. Woche nach Beginn der Krankheit, im Falle der Erwerbsunfähigkeit spätestens mit dem Ablauf der 13. Woche nach Beginn des vollen Krankengeldbezuges. Endet der Bezug des Krankengeldes erst nach Ablauf der 13. Woche nach dem Beginn der Krankheit, so endet mit dem Bezuge des Krankengeldes zugleich auch der Anspruch auf freie ärztliche Behandlung und Arznei.

Für Mitglieder, welche nach Ablauf der ersten 13 Wochen erkranken, wird die Krankenunterstützung, gleichviel ob mit oder ohne Erwerbsunfähigkeit, für dieselbe Krankheit, auch im Falle der Unterbrechung derselben, höchstens für 26 Wochen gewährt.

Mitgliedern, welche die Krankenunterstützung ununterbrochen oder im Laufe eines Zeitraums von 12 Monaten für 13 Wochen bezogen haben, ist bei Eintritt eines neuen Unterstützungsfalles, sofern dieser durch die gleiche nicht gehobene Krankheitsursache veranlaßt ist, im Laufe der nächsten 12 Monate Krankenunterstützung nur für die Gesammtdauer von 13 Wochen zu gewähren (§ 6a Abs. 1 Zf. 3 d. Krank.-Vers.-Ges.)

Ein erwerbsunfähig erkranktes Mitglied ist verpflichtet, den Kassirer von der Wiederaufnahme seiner Arbeit in Kenntniß zu setzen, bei Strafe bis zu 10 Mark.

Der Vorstand ist berechtigt, in allen Fällen, wo zu vermuthen ist, daß die Gesundmeldung nur erfolgt, um nicht 26 Wochen krank und dadurch für ein Jahr ausgesteuert zu werden, eine ärztliche Bescheinigung über die eingetretene Genesung und wiedererlangte Erwerbsfähigkeit zu fordern. In zweifelhaften Fällen kann der Vorstand einen anderen Arzt zu Rathe zu ziehen. Weigert sich das Mitglied, diese Bescheinigung beizubringen, so verfällt es in eine Strafe von 20 Mark.

(Da der Schutz der bis 13wöchentlichen Karenzzeit, die das Hülfskassengesetz zuläßt, für Kassen gemäß § 75 d. Kr.-Vers.-Ges. unanwendbar ist, so muß durch die gesetzlich durchaus zulässige Einschränkung des obigen Abs. 1 wenigstens ein annähernder Schutz der Kasse gegen Ausbeutung durch neu eintretende Mitglieder (da die ärztliche Untersuchung rc. nicht immer genügt) erzielt werden. Die Fassung des Absatzes entspricht genau dem Abs. 2 des § 6 des Kr.-Vers.-Ges.

Die Dauer der Krankenunterstützung in Abs. 2 unseres Paragraphen, soweit dieselbe über das gesetzliche Minimum von 13 Wochen hinausgeht, hängt lediglich von dem Beschlusse der Kasse ab. Die Dauer von 26 Wochen ist auf Grund vielfacher Erfahrung zu empfehlen. Kann man noch länger unterstützen (die sog. „Centralkassen" gewähren meist während weiterer 26 Wochen die Hälfte des versicherten Krankengeldes), so ist das gewiß gut, aber auch theuer, und sollten nur Kassen mit großem Vermögen und hohen Beiträgen die Dauer von 26 Wochen überschreiten.

Absatz 4 unseres Paragraphen enthält gleichfalls eine durch die Erfahrung als unentbehrlich erwiesene Schutzmaßnahme.)

§ 12.

Die ärztliche Behandlung und die Lieferung der Arznei sind nur durch die vom Vorstande zu bezeichnenden Aerzte und Apotheken zu gewähren und werden die durch Inanspruchnahme anderer Aerzte und Apotheken entstandenen Kosten, von dringenden Fällen abgesehen, von der Kasse nicht bezahlt [oder: nur bis zu dem Betrage bezahlt, welcher an die Aerzte und Apotheken, mit denen die Kasse ein Abkommen getroffen hat, zu zahlen ist].

Verlust des Krankengeldes, und zwar für die Dauer der betreffenden Krankheit, tritt ein, wenn ein Mitglied sich die Krankheit vorsätzlich oder durch schuldhafte Betheiligung bei Schlägereien oder Raufhändeln oder durch Trunkfälligkeit zugezogen hat.

(Abs. 1 unseres § ist, gemäß § 6a Abs. 1 Ziff. 6 und § 75 d. Kr.-Vers.-Ges., nothwendig, wenn den erkrankten Mitgliedern nicht vollständig freigestellt sein soll, sich an jeden beliebigen Arzt ꝛc. ohne jede Honorarbeschränkung zu wenden, was für die Kasse doch sehr bedenklich wäre, ganz besonders bei Neueinführung der freien Kur. Da die Hülfskassen bei ihrer nur durch Gesetzesvorschriften beschränkten Selbstverwaltung die Aerzte ꝛc. sicherlich nach dem Bedürfniß und Wunsch der Mitglieder wählen, bezw. mit ihnen Abkommen treffen werden, so ist es ein Irrthum, daß durch die Gewährung freier Kur, insbesondere durch bestimmte Aerzte, „die Hülfskassen zu reinen Zwangskassen würden." Es bleibt auch so noch ein ganz gewaltiger Unterschied zwischen freien und Zwangskassen! (s. Leitfaden S. 11 f. u. S. 23 ff.). Wenn die Kasse sich einem Verbande anschließt, zu dessen Befugnissen die Abschließung gemeinsamer Verträge mit Aerzten ꝛc. gehört, so tritt hinsichtlich der zu bezeichnenden Aerzte an Stelle des Vorstands der Kasse derjenige des Verbandes.

§ 6a d. Kr.-Vers.-Ges., sowie § 7 Abs. 1 d. Hülfsk.-Ges. lassen die Entziehung des Krankengeldes auch bei Krankheiten zu, welche in Folge geschlechtlicher Ausschweifungen eingetreten sind; es ist aber besonders aus hygienischen Gründen nicht räthlich, dies aufzunehmen.)

§ 13.

Erkrankte Mitglieder, welche Anspruch auf Entschädigung auf Grund der Unfallversicherungs-Gesetze haben, erhalten Krankengeld nur bis zum Ablauf der 13. Woche nach Beginn der Krankheit. Erreicht die Entschädigung aus der Unfallversicherung nicht die Höhe des dem Beschädigten sonst zustehenden Krankengeldes, so zahlt die Kasse für weitere 13 Wochen die Differenz.

Tritt die Krankheit oder der Tod eines Mitgliedes unter Umständen ein, welche Dritte zur Entschädigung gesetzlich verpflichten (auf Grund des Haftpflichtsgesetzes, der Gewerbeordnung oder anderer Reichs- oder Landesgesetze), so wird die Unterstützung nur vorschußweise gezahlt und muß die so geleistete Unterstützung bei Auszahlung der Entschädigungssumme bis zur Höhe der letzteren sofort an die Kasse zurückgezahlt werden.

Falls das geschädigte Mitglied oder dessen Erben die Ansprüche gegen den Ersatzpflichtigen nicht selbst geltend machen, so kann dies unter Zuziehung eines Rechtsverständigen seitens des Vorstandes zu Gunsten der Kasse geschehen und ist das Mitglied, bezw. sind dessen Erben verpflichtet, ihre Ansprüche an die Kasse zu cediren; der etwaige Ueberschuß der Entschädigung über die gewährte Unterstützung und die Kosten ist an das Mitglied bezw. dessen Erben zu zahlen,

(Diese Bestimmungen ergeben sich aus den geltenden Gesetzen und erleichtern den freien Kassen wenigstens in etwas ihre Verpflichtungen.)

Begräbnißgeld.

§ 14.

Jedes in die Hülfskasse eintretende Mitglied ist verpflichtet, bei seiner Aufnahme auch der Begräbnißversicherung beizutreten.

Die den Hinterbliebenen zu versichernde Beihülfe darf das Zehnfache der wöchentlichen Krankenunterstützung, auf welche das verstorbene Mitglied Anspruch hatte, nicht überschreiten. (s. § 12 Abs. 4 d. Hülfsk.-Ges.)

(Die Gewährung von Begräbniß- oder Sterbegeld ist nur ein Recht, nicht eine Pflicht der eingeschriebenen Hülfskassen, so wenig nach dem Hülfskassen-, wie nach dem Krankenversicherungsgesetz. Solche Gewährung ist aber nach uraltem und bis in die neueste Zeit bewährtem Gebrauch dringend zu empfehlen, und zwar in der hier vorgeschlagenen Weise, nämlich obligatorisch für neu beitretende Mitglieder, aber mit besonderen Beiträgen und gesonderter Rechnung. Nothwendig ist auch dies nicht; man kann einerseits die Betheiligung an der Begräbnißversicherung jedem einzelnen Mitgliede freistellen, andererseits (im Fall der obligatorischen Gewährung) einheitlichen Beitrag und einheitliche Buch- und Kassenführung für beide Zweige einführen. Zumal letzteres ist aber zu widerrathen, da die Begräbnißversicherung ihrem ganzen Wesen nach von der Krankenversicherung verschieden, daher gesondertes Rechnungswesen angezeigt ist, was eine im Uebrigen gemeinsame Verwaltung (durch denselben Vorstand, dieselben örtlichen Verwaltungen ꝛc.) nicht hindert. Es ist dabei festzuhalten, daß es nur eine Hülfskasse ist, von welcher Kranken- nnd Begräbnißversicherung lediglich gesonderte Zweige bilden; der gesetzlich vorgeschriebene Reservefonds ist daher gemeinsam für beide Versicherungen.

Bezüglich der Höhe des Begräbnißgeldes ist im Gesetz nur das Maximum im Verhältniß zur Krankenunterstützung (d. h. zum Krankengelde) vorgeschrieben, welches demnach bei verschiedenen Stufen jener Unterstützung verschieden ist. Die Mitglieder können sich also auch zu dem einer niedrigeren Stufe entsprechenden Begräbnißgeld versichern; dies bildet eine Erleichterung für solche, die schon einer oder mehreren anderen Versicherungen für den Sterbefall [„Lebensversicherung“] angehören.)

§ 15.

Das Begräbnißgeld wird nach folgender Stufenleiter gezahlt:

A. Wenn die Versicherung vor Ablauf des 30. Lebensjahres erfolgt:

I.	60	Mark	bei	einem	Wochenbeitrage	von .	Pf.
II.	90	„	„	„	„	„ .	„
III.	120	„	„	„	„	„ .	„

B. Wenn die Versicherung nach Ablauf des 30. Lebensjahres erfolgt:

I.	60	Mark	bei	einem	Wochenbeitrage	von .	Pf.
II.	90	„	„	„	„	„ .	„
III.	120	„	„	„	„	„ .	„

Ueber 40 Jahre alte Mitglieder dürfen sich nicht zu der höchsten Stufe versichern; die Veränderung der Stufe des Begräbnißgeldes unterliegt den Vorschriften des § 8, Abs. 2, jedoch darf eine Erhöhung nach vollendetem 40. Lebensjahre nicht mehr stattfinden.

(Diese Stufenleiter entspricht derjenigen des Krankengeldes [§ 7], bei anderen Stufen in letzterem würden sich auch die in § 16 ändern; abgesehen von der Vorschrift des Hülfsk.-Ges. § 12 Abs. 4 [s. oben] besteht betr. Begräbnißgeld Freiheit für die Kasse.

Hinsichtlich der Beiträge sei auf die Erläuterung zu § 6 verwiesen, welche im Wesentlichen auch für die Begräbniß-Versicherung zutreffen. Die Sterbenswahrscheinlichkeit (Mortalität) steigt bei zunehmendem Lebensalter noch stärker, als die Krankheitswahrscheinlichkeit, die Aufnahme älterer Personen zu den niedrigen Beiträgen der jüngeren ist daher durchaus unzulässig. Man lasse sich nicht durch etwaige günstige Ergebnisse der ersten Jahre irre führen, um so kritischer gestalten sich oft die Verhältnisse in den späteren Jahren! Gerade die Begräbnißversicherung ist auf ein langjähriges Ansammeln von Fonds angewiesen, sie bedarf eines weit größeren Reservefonds, als die Krankenversicherung, weil eben die Zahlungsverpflichtung bei ersterer immer erst am Ende der Mitgliedschaft, dann aber in verhältnißmäßig bedeutender Höhe eintritt. — Die Höhe der Beiträge richtet sich nach den besonderen Verhältnissen des Alters, Geschlechts, Wohnorts, Berufs u. s. w. und ist zu Anfang am besten durch einen Versicherungs-Sachverständigen festzustellen. Die üblichen Beiträge sind für 60 Mk. Begräbnißgeld in Altersklasse A. 3 Pf., in Altersklasse B. 4 Pf., und entsprechend mehr für die höheren Stufen. Unter diese Beiträge dürfte keine neue Kasse heruntergehen!)

§ 16.

Die Hinterbliebenen eines Mitgliedes, das der Begräbnißversicherung mindestens 26 Wochen angehört hat, haben Anspruch auf die Hälfte des versicherten Begräbnißgeldes; nach einjähriger Angehörigkeit des Mitglieds tritt der Anspruch auf das volle versicherte Begräbnißgeld ein.

(Die Festsetzung einer etwas längeren Karenzzeit für die Begräbnißversicherung ist sehr üblich und empfiehlt sich aus den zu § 16 angeführten Gründen, nicht minder die Zahlung der Hälfte des Begräbnißgeldes im zweiten Halbjahre. Dies gilt ganz besonders für neue Kassen, welche durch mehrere Sterbefälle im ersten Jahre ihres Bestehens, wo sich noch keine ausreichenden Fonds haben ansammeln können, schwer geschädigt werden können.)

§ 17.

Das Begräbnißgeld wird an die gesetzlichen Erben des verstorbenen Mitgliedes gegen Vorzeigung des Todtenscheines und nach erfolgter Beglaubigung vom Kassirer ausgezahlt.

Zur Aufsuchung der gesetzlichen Erben verstorbener Mitglieder ist die Kasse nicht verpflichtet.

Befinden sich beim Tode eines Mitgliedes keine Erben desselben an dem betreffenden Orte, so übernimmt die Kasse die Beerdigung bis zur Höhe des versicherten Begräbnißgeldes unter Berücksichtigung der örtlichen Verhältnisse; der etwaige Ueberschuß fällt den gesetzlichen Erben zu.

Meldet sich innerhalb sechs Monaten Niemand zur Erhebung des Ueberschusses, so fällt derselbe der Kasse zu, und werden spätere Ansprüche nicht berücksichtigt.

(Diese Bestimmungen sind die allgemein gebräuchlichen und bedürfen keiner Erläuterung. Nur das sei zu Abs. 3 bemerkt, daß, falls der Verstorbene mehreren Begräbnißkassen angehört hat, dieselben sich füglich zu verständigen und die Begräbnißkosten gemeinsam im Verhältniß des versicherten Begräbniß- oder Sterbegeldes zu tragen haben.)

Organisation und Verwaltung.

§ 18.

Die Organe der Kasse sind:

A) der Vorstand,
B) die Revisoren (Ausschuß),
C) die Generalversammlung.

(Nach dem Hülfskassen-Gesetz sind Vorstand und General-Versammlung nothwendige Organe jeder Hülfskasse, nicht aber die Revisoren; § 19 d. Ges. lautet: „Dem Vorstande kann zur Ueberwachung der Geschäftsleitung ein Ausschuß zur Seite gesetzt werden, welcher durch die Generalversammlung zu wählen ist.“ Doch ist die Bestellung eines solchen Ueberwachungsorganes allgemein üblich und dringend zu empfehlen.)

A. Der Vorstand.

§ 19.

Der Vorstand besteht aus fünf Mitgliedern: dem Vorsitzenden und dessen Stellvertreter, dem Schriftführer, dem Kassirer und einem Beisitzer.

Die Wahl erfolgt im Januar eines jeden Jahres in der zu diesem Zweck einberufenen Generalversammlung durch absolute Mehrheit der Anwesenden, und es wird über jedes

Vorstandsmitglied besonders abgestimmt. Die Abstimmung geschieht durch Stimmzettel, die Wahl durch Zuruf (Acclamation) ist zulässig, wenn Niemand widerspricht.

Wählbar ist jedes stimmberechtigte, großjährige Mitglied, das der Kasse mindestens ein Jahr angehört (ausgenommen bei der ersten Wahl), und in keiner anderen Krankenkasse als Vorstandsmitglied fungirt. Wird in dem ersten Wahlgange die absolute Mehrheit nicht erreicht, so werden diejenigen beiden Mitglieder auf die engere Wahl gestellt, welche die meisten Stimmen erhalten haben. Bei Stimmengleichheit entscheidet das durch die Hand des Vorsitzenden zu ziehende Loos.

(Die Zahl der Vorstandsmitglieder ist durch das Gesetz nicht vorgeschrieben. Die Zahl 5 sollte nur bei sehr großem Umfang der Kasse überschritten werden, schon mit Rücksicht auf die Förmlichkeiten der Anmeldung bei der Behörde.)

§ 20.

Der Vorstand wird auf ein Jahr gewählt. Scheidet ein Mitglied innerhalb des Jahres aus, so hat der Vorstand die Geschäfte, welche dieses Mitglied bisher besorgt hat, provisorisch einem anderen Vorstandsmitgliede zu übertragen und ist in der nächsten stattfindenden Generalversammlung für die Zeit, während welcher das ausgeschiedene Mitglied noch zu fungiren gehabt hätte, eine Ergänzungswahl vorzunehmen.

Die Zusammensetzung des Vorstandes, sowie jede in derselben eingetretene Aenderung ist dem Vorstande der Gemeinde N...... (in deren Bezirk die Kasse ihren Sitz hat) anzumelden. Die Anmeldung hat durch die Vorstandsmitglieder in Person oder durch eine beglaubigte schriftliche Erklärung zu erfolgen. (vgl. § 17 des Hülfsk.-Gesetzes.)

Die Zeichnung für die Kasse geschieht dadurch, daß zu dem Namen der Kasse zwei Vorstandsmitglieder (der Vorsitzende bezw. dessen Stellvertreter und der Schriftführer oder der Kassirer) ihre Unterschrift nebst ihrer Eigenschaft als Vorstandsmitglieder hinzufügen.

(Die Amtsdauer des Vorstands kann auch auf längere Zeit, z. B. auf zwei oder drei Jahre, festgestellt werden, eventl. mit der Bestimmung, daß die Hälfte oder ein Drittel der Vorstandsmitglieder nach einem Jahre, zunächst durch das Loos, ausscheidet, sodaß alljährlich eine theilweise Erneuerung des Vorstandes stattfindet. Das Einfachste ist bei lokalen Kassen die jährliche Gesammtwahl; tüchtige Vorstandsmitglieder werden erfahrungsgemäß in der Regel wiedergewählt, wodurch die Stetigkeit der Verwaltung, soweit wünschenswerth, gewahrt wird.)

§ 21.

Der Vorstand vertritt die Kasse gerichtlich und außergerichtlich. Zu dieser Vertretung ist derselbe ohne Weiteres bevollmächtigt für alle Geschäfte, welche nicht in diesem Statut an die Genehmigung der Generalversammlung (§ 27) gebunden sind.

Durch die innerhalb der Grenzen seiner Vollmacht im Namen der Kasse vom Vorstande abgeschlossenen Geschäfte wird die Kasse verpflichtet und berechtigt. (§ 18 d. Hülfsk.-Ges.)

Der Vorstand führt die Geschäfte der Kasse nach der von der Generalversammlung zu erlassenden Geschäftsordnung.

Er hat insbesondere für vollständige und übersichtliche Buchführung, für sichere Aufbewahrung der Gelder, Werthpapiere und Urkunden und für die gemäß §§ 25 und 27 des Hülfsk.-Ges. erforderlichen Abschätzungen, Abschlüsse und Uebersichten zu sorgen.

Er hat ferner durch geeignete Verträge und stete Fühlung mit den Aerzten und Apotheken die Krankenpflege nach Kräften zu fördern und eine sorgfältige Krankenkontrole durch seine Mitglieder, sowie erforderlichenfalls auch durch andere Kassenmitglieder auszuüben.

Als Vertreter der Kasse können statt des ganzen Vorstands auch nur „die für die Kasse zeichnenden Vorstandsmitglieder" bestimmt werden, was sich besonders empfiehlt, wenn der Vorstand aus einer größeren Zahl von Personen besteht. — Auch über die den einzelnen Vorstandsmitgliedern speziell übertragenen Geschäfte hat der Gesammtvorstand, als verantwortlich gegenüber den Mitgliedern und dem Staate sorgsam zu wachen!

Bezüglich der, nunmehr besonders wichtigen Krankenpflege [Abs. 5] verweisen wir auf die eingehenden Darlegungen im „Leitfaden“ S. 22 ff. namentlich S. 24 bis 27, und auf den nachfolgenden „Entwurf eines Vertrages mit Aerzten.“ Je nachdem die Hülfskasse isolirt vorgeht oder sich einem Verbande anschließt [letzteres sei auch an dieser Stelle dringend empfohlen) und je nach dem System der Abmachung und Honorirung, für das man sich entscheidet, richten sich die event. spezielleren Bestimmungen im Statut oder in der Geschäftsanweisung].

§ 22.

Die Sitzungen des Vorstandes werden vom Vorsitzenden berufen und geleitet; dieselben sind beschlußfähig, wenn die Mehrheit des Vorstandes erschienen ist. Bei Stimmengleichheit entscheidet die Stimme des Vorsitzenden. Die Beschlüsse sind in ein Protokollbuch einzutragen.

Der Schriftführer hat die Protokolle in allen Sitzungen und Versammlungen zu führen und alle schriftlichen Arbeiten für die Kasse zu besorgen. Im Falle seiner Verhinderung beauftragt der Vorstand ein anderes Vorstandsmitglied mit der Vertretung.

(Betreffs der Abstimmung [Abs. 1] kann auch vorgeschrieben werden: Bei Stimmengleichheit gilt ein Antrag als abgelehnt. Der Erlaß einer Geschäftsordnung für den Vorstand, mit Genehmigung der Generalversammlung, ist empfehlenswerth.)

§ 23.

Der Kassirer hat alle Monate einen übersichtlichen Abschluß über Einnahmen und Ausgaben dem Vorstande vorzulegen, außerdem in jeder Sitzung die Namen der Erkrankten und die Sterbefälle mitzutheilen, die Beiträge entgegenzunehmen und die Unterstützungen an die Mitglieder bezw. deren Hinterbliebenen nach Anweisung des Vorstandes auszuzahlen. Auch alle anderen Ausgaben hat derselbe nach Anweisung des Vorstandes zu leisten und halbjährlich die Bücher abzuschließen und Rechnung zu legen.

Der Kassirer ist ferner verpflichtet, die durch §§ 49a., 76b. u. 76d. d. Kr.-Vers.-Ges. vorgeschriebenen Anzeigen pünktlich zu erstatten, bei Geldstrafe (§ 81 Kr.-V.-Ges.).

Der Kassirer hat eine von der Generalversammlung festzustellende Kaution zu leisten. Derselbe erhält eine Entschädigung ebenfalls nach Beschluß der Generalversammlung.

(Betreffs Anlegung der Gelder s. § 30. Die Höhe der Kaution richtet sich nach den Verhältnissen, namentlich nach dem Baarbetrage, der in den Händen des Kassirers zu sein pflegt. Alle nicht in nächster Zeit zu den laufenden Ausgaben erforderlichen Gelder müssen sicher angelegt und deponirt werden und darf die Abhebung deponirter Gelder und Werthpapiere nur gegen Unterschrift mehrerer Personen, Vorstandsmitglieder oder Revisoren, bezw. gegen Paßworte möglich gemacht werden. — Die Höhe der Entschädigung oder des Gehaltes für den Kassirer hängt gleichfalls von den Verhältnissen ab; zu empfehlen ist unter Umständen eine Entschädigung in Procenten der laufenden Einnahme [Eintrittsgeld und Beiträge].

B. Die Revisoren. (Der Ausschuß.)

§ 24.

Die Kasse steht unter Kontrole von drei Revisoren welche auf die Dauer eines Jahres von der Generalversammlung gewählt werden. Wiederwahl ist zulässig. Zu Revisoren können Mitglieder der Hülfskasse, welche dem Vorstande nicht angehören, gewählt werden, sowie auch Nichtmitglieder.

Die Revisoren haben die Bücher der Kasse einzusehen, die Quittungen, Beläge und Kassenbestände zu prüfen und den Bericht abzufassen, welcher der zur Entlastung des Vorstandes einzuberufenden Generalversammlung vorzulegen ist. Sie sind auch zu unvermutheter Revision berechtigt. Falls die Revisoren Anzeichen stattgefundener Unredlichkeiten oder gröblicher Verletzung der Kasseninteressen Seitens der Geschäftsführung finden, so sind sie berechtigt und verpflichtet, sofortige Untersuchung und Abhülfe, insbesondere auch die Berufung der Generalversammlung zu veranlassen.

(Das Amt der Revisoren [im Hülfsk.-Ges. „Ausschuß" genannt] ist hochwichtig, um die leider nur zu häufigen Unordnungen und Veruntreuungen zu verhüten oder wenigstens einzuschränken. Zu dem Zwecke müssen aber zu Revisoren auch nur durchaus verläßliche, gewissenhafte und thatkräftige Personen gewählt werden. Durch Flüchtigkeit und Vertrauensseligkeit von Revisoren ist schon manche Kasse in schweren Schaden gekommen!)

C. Die Generalversammlung.

§ 25.

Die Generalversammlung besteht aus sämmtlichen Kassenmitgliedern, welche großjährig und im Besitze der bürgerlichen Ehrenrechte sind.

Mitglieder, welche mit ihren Beiträgen im Rückstande sind, können von der Theilnahme ausgeschlossen werden.

Diejenigen Mitglieder des Vorstandes, welche die Kasse gerichtlich oder außergerichtlich vertreten, haben in der Generalversammlung nur berathende Stimme.

(Bei Kassen, die eine große Anzahl von Mitgliedern haben, kann die Generalversammlung auch aus Abgeordneten bestehen. [vgl. § 21 d. Hülfsk.-Ges.] Jedoch muß die Zahl der zu wählenden Abgeordneten mindestens 20 betragen und mindestens doppelt so groß sein, als die Zahl der Vorstandsmitglieder. Besonders bei verzweigten Hülfskassen ist die Wahl von Abgeordneten [Vertretern] naturgemäß und allgemein üblich.)

§ 26.

In jedem Kalender-Halbjahr findet mindestens eine ordentliche Generalversammlung statt, in welcher der Vorstand behufs Entlastung Rechnung zu legen hat.

Wird von den Revisoren oder von dem zehnten Theile der stimmfähigen Mitglieder die Berufung einer außerordentlichen Generalversammlung beantragt, so muß der Vorstand die letztere berufen. (§ 22 d. Hülfsk.-Ges.)

Der Vorsitzende des Vorstandes bezw. dessen Stellvertreter beruft die Generalversammlung unter Angabe der

Berathungsgegenstände, und genügt es, wenn die Berufung einmal vierzehn Tage, bei außerordentlichen Generalversammlungen acht Tage, vor der Versammlung in d.............. .... veröffentlicht ist. Hört die genannte Zeitung auf zu erscheinen, so wählt die Generalversammlung, bezw. der Vorstand bis zur nächsten Generalversammlung eine andere Zeitung zum Organ der Kasse.

(Die Bestimmung der Fristen und der Art der Berufung [wie auch der Bekanntmachung der Tagesordnung, § 32] hängt, da nicht gesetzlich vorgeschrieben, von dem Ermessen der Hülfskasse ab, doch dürften für lokale Kassen die Vorschläge dieses Statuts zweckmäßig sein. Für verzweigte Hülfskassen sind längere Fristen erforderlich.)

§ 27.

Die Generalversammlung wird durch den Vorsitzenden des Vorstandes eröffnet, worauf sich dieselbe selbstständig konstituirt. Die Verhandlungen werden in parlamentarischer Weise nach der von der Generalversammlung selbst festzustellenden Geschäftsordnung geführt. Sämmtliche Beschlüsse sind sofort in ein Protokollbuch einzutragen, das von dem Vorsitzenden, dem Schriftführer und mindestens zwei Mitgliedern unterzeichnet wird.

Die Generalversammlung bildet das oberste Organ der Hülfskasse. Zu ihren Befugnissen gehören hauptsächlich folgende:

1. Entgegennahme der Jahresabschlüsse der Hülfskasse und Entlastung des Vorstandes auf Bericht der Revisoren;
2. Erledigung von Beschwerden über den Vorstand und Verfolgung von Rechtsansprüchen der Hülfskasse gegen die Mitglieder des Vorstandes;
3. Wahl des Vorstandes und der Revisoren und Festsetzung der Entschädigung für dieselben;
4. Genehmigung bezw. Abänderung der Kassen- und Geschäfts-Ordnungen und Anweisungen, sowie dauernder Verträge;

5. Genehmigung solcher außerordentlichen Ausgaben, welche den Betrag von .... Mark in jedem einzelnen Falle überschreiten;
6. Abänderung des Statuts;
7. Auflösung der Hülfskasse.

Die Generalversammlung kann dritten Personen ihre Befugnisse nicht übertragen. (§ 20 d. Hülfsk.-Ges.)

Kassen- und Rechnungswesen.

§ 28.

Die Kasse hat einen Reservefonds im Mindestbetrage der durchschnittlichen Jahresausgabe der letzten fünf Rechnungsjahre anzusammeln und erforderlichen Falls bis zu dieser Höhe zu ergänzen. — Solange der Reservefonds diesen Betrag nicht erreicht, ist demselben mindestens ein Zehntel des Jahresbetrages der Kassenbeiträge zuzuführen. (§ 25 d. Hülfsk.-Ges.)

(Bei neuen Kassen ist natürlich die Ausgabe des ersten, bezw. die durchschnittliche Ausgabe der ersten Jahre maßgebend.)

§ 29.

Zu anderen Zwecken, als den in § 1 bezw. §§ 6 ff. und 14 bezeichneten Unterstützungen, der Deckung der Verwaltungskosten und der Ansammlung des Reservefonds dürfen weder Beiträge von den Mitgliedern erhoben werden, noch Verwendungen aus dem Vermögen der Kasse erfolgen (§ 13 d. Hülfsk.-Ges.).

Ergiebt sich aus den Jahresabschlüssen der Kasse, daß die Einnahmen derselben zur Deckung ihrer Ausgaben einschließlich der Rücklagen zur Ansammlung und Ergänzung des Reservefonds nicht ausreichen, so ist monatlich in jeder Klasse ein Wochenbeitrag mehr zu entrichten, bis die Deckung erfolgt ist. Sobald sich aber zeigt, daß dieselbe auf diesem Wege nicht zu erlangen ist, so hat der Vorstand eine Generalversammlung zur Beschlußfassung über die zu treffenden Maßregeln zu berufen (s. § 26 d. Hülfsk.-Ges.).

Unterläßt die Kasse, eine dem Bedürfnisse entsprechende Abänderung herbeizuführen, so hat ihr die höhere Verwaltungsbehörde auf Grund eines sachverständigen Gutachtens zu eröffnen, in welcher Art und in welchem Maße dieselbe für erforderlich zu erachten und binnen welcher Frist dieselbe herbeizuführen ist. Die Frist muß auf mindestens sechs Wochen bestimmt werden. (§ 26 des Hülfsk.-Ges.)

(Durch Feststellung ausreichender Beiträge, sorgfältige Kontrole und sparsame Verwaltung wird die Kasse es in der Regel ermöglichen, daß die Einnahmen die Ausgaben, einschließlich der 10 Prozent für den Reservefonds, mindestens decken. Wenn aber in Folge übermäßiger Krankheits- und Sterbefälle ein Fehlbetrag entsteht, so bildet die erste Bestimmung unseres Abs. 2, die Erhebung eines Extra-Wochenbeitrags pro Monat, erfahrungsgemäß die zweckmäßigste Abhülfe, unter Vermeidung umständlicher und aufregender Generalversammlungen.)

§ 30.

Die Einnahmen und Ausgaben der Hülfskasse sind von allen den Hülfskassen fremden Vereinnahmungen und Verausgabungen getrennt festzustellen und zu verrechnen; ebenso sind Bestände gesondert zu verwahren.

Verfügbare Gelder dürfen, außer in öffentlichen Sparkassen, nur eben wie die Gelder Bevormundeter angelegt werden. (§ 24 des Hülfsk.-Ges.)

§ 31.

Die Kasse ist verpflichtet, in den vorgeschriebenen Fristen und nach den vorgeschriebenen Formularen Uebersichten über die Mitglieder, über die Krankheits- und Sterbefälle, über die vereinnahmten Beiträge und die geleisteten Unterstützungen, sowie einen Rechnungs-Abschluß der Aufsichtsbehörde einzusenden. (§ 27 d. Hülfsk.-Ges.)

Abänderung des Statuts.

§ 32.

In jeder Generalversammlung können Abänderungen des Statuts beschlossen werden, doch müssen die hierauf zielenden Anträge auf die Tagesordnung gestellt werden, welche spätestens acht Tage vor der Generalversammlung veröffentlicht werden muß (vgl. § 27). Zur gültigen Annahme gehören zwei Drittel der in der Generalversammlung anwesenden Mitglieder.

Alle Abänderungen des Statuts sind in zwei Exemplaren dem Vorstand der Gemeinde, in deren Bezirk die Kasse ihren Sitz hat, von dem Vorstand der Kasse in Person einzureichen.

Auflösung der Hülfskasse.

§ 33.

Der Antrag auf Auflösung der Hülfskasse kann nur von der Mehrheit sämmtlicher Mitglieder unter Angabe der Gründe gestellt und muß auf die Tagesordnung einer zu diesem Zweck einberufenen Generalversammlung gesetzt werden.

Der Beschluß der Auflösung bedarf der Zustimmung von vier Fünftheilen der in der Generalversammlung anwesenden Mitglieder. (§ 28 d. Hülfsk.-Ges.)

§ 34.

Bei der Auflösung der Kasse wird die Abwickelung der Geschäfte, sofern die Generalversammlung nicht anderweitig beschließt, durch den Vorstand vollzogen. Genügt dieser seiner Verpflichtung nicht oder wird die Kasse geschlossen (§ 29 des Hülfsk.-Ges.), so liegt es der Aufsichtsbehörde ob, die Abwickelung der Geschäfte geeigneten Personen zu übertragen und deren Namen bekannt zu machen.

§ 35.

Von dem Zeitpunkt der Auflösung oder Schließung einer Kasse ab bleiben die Mitglieder noch für diejenigen Zahlungen verhaftet, zu welchen sie nach §§ 6, 7 und 15 verpflichtet sind.

Das Vermögen der Kasse ist nach der Aufhebung oder Schließung zunächst zur Deckung der vor dem Zeitpunkte der Auflösung oder Schließung bereits eingetretenen Unterstützungsverpflichtungen zu verwenden. Bleibt dann noch ein Ueberschuß, so ist derselbe einer von der Generalversammlung zu bestimmenden eingeschriebenen Hülfskasse zu überweisen. Trifft die Generalversammlung keine solche Bestimmung, so fällt der Ueberschuß der Kasse der Gemeinde des Ortes zu, an dem die Kasse ihren Sitz hat, behufs Verwendung zu ähnlichen Zwecken.

(Die eingeschriebene Hülfskasse, welcher der etwaige Ueberschuß des Vermögens zu überweisen ist, kann auch im Statut genannt werden. Andererseits kann auch bestimmt werden, daß der Ueberschuß an die bei Auflösung oder Schließung der Kasse noch berechtigten Mitglieder — am gerechtesten im Verhältniß der gezahlten Beiträge — vertheilt wird.)

Beaufsichtigung und Strafen.

§ 36.

Die Kasse unterliegt der Beaufsichtigung durch die hierzu von den Landesregierungen bestimmten Behörden.

Die Aufsichtsbehörde kann jederzeit die Bücher der Kasse einsehen. Sie beruft die Generalversammlung, falls der Vorstand den in § 27 enthaltenen Verpflichtungen nicht genügt. Sie kann die Mitglieder des Vorstandes und die im Falle der Auflösung oder Schließung der Kasse mit der Abwickelung der Geschäfte betrauten Personen zur Erfüllung ihrer gesetzlichen Pflichten durch Ordnungsstrafen bis zu 100 Mark anhalten. (§ 33 d. Hülfsk.-Ges.)

Mitglieder des Vorstandes, welche den Bestimmungen des Hülfskassen-Gesetzes zuwiderhandeln, werden mit Geldstrafen bis zu 300 Mark gerichtlich bestraft. Haben sie absichtlich zum Nachtheile der Kasse gehandelt, so unterliegen sie der Strafbestimmung des § 266 des Strafgesetzbuches. (§ 34 d. Hülfsk.-Ges.)

B.

Statut
für
verzweigte Hülfskassen.

Für verzweigte (nationale, centralisirte) Hülfskassen, welche sich dem § 75 der Kr.-Vers.-Nov. anpassen wollen, eignet sich das Statut A mit folgenden Zusätzen bezw. Aenderungen:

§ 1, Zusatz: „An anderen Orten können gemäß § 18a örtliche Verwaltungsstellen errichtet werden."

§ 2, Zl. 1 Aenderung: „Mitglied kann werden, wer in einem Gemeindebezirk, für welchen eine örtliche Verwaltungsstelle der Kasse errichtet ist, wohnt, u. s. w. wie Stat. A.

§ 3, Abs. 1 Aenderung: „Jedes Mitglied, das aus der Kasse ausscheiden will, hat dies durch die örtliche Verwaltung (§ 18) dem Vorstand schriftlich anzuzeigen."

§ 5, Zusatz als 1. Absatz: „Mitglieder, welche in Folge von Uebersiedlung einer anderen örtlichen Verwaltungsstelle beitreten, genießen in derselben sofort, ohne neues Eintrittsgeld, gegen Erfüllung ihrer Pflichten dieselben Rechte, wie bei der früheren Verwaltungsstelle.

Ferner folgd. Absatz, 1. und 2. Satz Aenderung: „Mitglieder, welche nach einem Gemeindebezirk übersiedeln, wo eine örtliche Verwaltungsstelle der Kasse (oder einer Verbands- [Kartell-] Kasse) nicht besteht, scheiden aus der Kasse aus. Zieht ein solches Mitglied wieder zu," u. s. w. wie Stat. A.

Anmerkung. Diese Bestimmung kann auf versicherungspflichtige Mitglieder beschränkt werden, da nicht versicherungspflichtige, die nur Krankengeld erhalten, ohne erhebliche Beschwerung der Kasse auch an Orten, wo keine Verwaltungsstelle besteht, wohnen können. In diesem Falle muß jedoch vorgeschrieben werden, wie solche Mitglieder es mit der Beitragszahlung und dem Krankengeld-Bezug — wöchentliche Einsendung des ärztlichen Scheines mit Beglaubigung der Ortsbehörde od. dgl. — zu halten haben.

Organisation und Verwaltung.

§ 18. Aenderung: Die .... Kasse zu N ... bildet eine Hülfskasse im Sinne des Gesetzes, richtet jedoch gemäß § 4 des Hülfsk.-Ges. örtliche Verwaltungsstellen ein.

Oertliche Verwaltungsstellen.

§ 18a (neu). Wohnen 7 oder mehr Mitglieder an einem Orte oder in einem Umkreise von höchstens 15 Kilometern Durchmesser, so kann der Vorstand daselbst eine örtliche Verwaltungsstelle errichten. Der Sitz einer aus mehreren Ortschaften zusammengesetzten Verwaltungsstelle wird auf Vorschlag der Mitglieder durch den Vorstand bestimmt. In größeren Städten kann der Vorstand für verschiedene Stadttheile, sowie für verschiedene Berufe oder Beschäftigungen auch mehrere Verwaltungsstellen errichten.

Anmerkung. Die erforderliche Mindestzahl von Mitgliedern kann, da nicht gesetzlich vorgeschrieben, auch beliebig anders festgestellt werden; man sollte aber keinesfalls unter 7 gehen, da kleine Verwaltungsstellen verhältnißmäßig zuviel kosten. Niemals ist der Vorstand verpflichtet, an einem Orte eine Verwaltungsstelle zu errichten!

a) Verwaltung.

§ 18b (neu). Bei Errichtung der örtlichen Verwaltungsstelle und später jährlich im Dezember ernennt der Vorstand gemäß Wahl der Mitglieder-Versammlung die Verwaltung, bestehend aus einem Vorsitzenden, einem Kassirer und einem Beisitzer, welche sofort durch den Vorsitzenden der örtlichen Verwaltung der Aufsichtsbehörde ihres Sitzes anzuzeigen sind, ebenso ist jede innerhalb des Jahres eintretende Veränderung anzuzeigen.

Anmerkg. Die Verwaltung kann auch aus mehr als 3 Mitgliedern bestehen; die weiteren Mitgl. würden als stellv. Vors., eventl. Schriftführer, sowie Beisitzer zu fungiren haben. Dies ist aber, im Interesse der Sparsamkeit, nur bei großen Verwaltungsstellen gutzuheißen. Man beachte: „Vorstand“ bedeutet in den Statuten verzweigter Hülfskassen, dem Hülfsk.-Ges. entsprechend, nur den Vorstand der ganzen Kasse (häufig „Hauptvorstand“ genannt), die örtlichen Verwaltungsstellen dagegen dürfen keinen „Vorstand“, sondern nur eine „Verwaltung“, mit „Vorsitzendem“, „Kassirer“ („Ortskassirer“) u. s. w. haben.

§ 18c (neu). Die Verwaltung hat folgende Befugnisse: Beitrittserklärungen und Austrittserklärungen entgegen zu nehmen, sowie Handzeichen Schreibensunkundiger in Gemäßheit des § 3

Abs. 5 zu beglaubigen; die Beiträge zu erheben, über Stundungsgesuche zu entscheiden, die Unterstützungen auszuzahlen, sowie die eingehenden Gelder, vorbehaltlich anderweiter Verfügung des Vorstandes über dieselben, bis zum Belaufe einer durchschnittlich halben Jahresausgabe zum Zweck des Betriebes zu verwahren und anzulegen (§ 19a d. Hülfsk.-Ges.).

Die Verwaltung ist beschlußfähig, sobald die Mehrheit der Mitglieder anwesend ist. Beschlüsse erfolgen durch einfache Mehrheit, bei Stimmengleichheit gilt ein Antrag als abgelehnt.

Anmerkung. Nur der Höchstbetrag, bis zu welchem die eingehenden Gelder von der örtl. Verwaltung verwahrt und angelegt werden können, ist gesetzlich festgelegt; manche verzweigte Hülfskassen überlassen den örtl. Verw. nur soviel, als zu den laufenden Ausgaben (Unterstützungen 2c.) in der Regel erforderlich ist.

§ **18d** (neu). Die Verwaltung sorgt insbesondere auch für die Krankenkontrole, welche unter Berücksichtigung der örtlichen Verhältnisse, auf's Gewissenhafteste zu führen ist. Jeder Kranke muß wöchentlich mindestens einmal unvorbereitet kontrolirt werden und sind die Bescheinigungen darüber mit den Monatsabschlüssen an den Vorstand einzusenden.

§ **18e** (neu). Der Ortskassirer erhebt die Beiträge und zahlt die Unterstützungen. Der Ortskassirer führt ferner die vorgeschriebenen Listen und Bücher und fertigt die Abschlüsse und Statistik. Derselbe ist verpflichtet, eine Kaution zu leisten und wird mit . . Procent der Einnahme entschädigt. Alles Nähere bestimmt die vom Vorstand erlassene Kassenordnung, welche der Kassirer als Vertrag zu unterzeichnen hat.

Der Ortskassirer hat die nach § 49a und § 76b ihm als Rechnungsführer obliegenden Anzeigepflichten pünktlich zu erfüllen, bei gesetzlicher Geldstrafe bis zu 20 Mk.

Anmerkg. Als Entschädigung des Ortskassirers ist 3—4% der Einnahme üblich. Im Uebrigen sind die Bemerkungen zu § 23 (Stat. A) auch bezüglich der Ortskassirer zu beachten.

b) Revisoren.

§ **18f** (neu). Bei Errichtung der örtlichen Verwaltungsstelle und später jährlich im Dezember ernennt der Vorstand gemäß Wahl der Mitglieder-Versammlung zwei Revisoren, zur Revision der Kasse und Abschlüsse nach Maßgabe der Kassenordnung.

Die Revisoren haben über gefundene Unordnungen sowohl der örtlichen Verwaltung, als der geschäftsführenden Vorstandsmitglieder, sofort an den Vorstand zu berichten und der Vorstand hat sich an die Revisoren zu wenden, falls die Verwaltung trotz geschehener Mahnung ihre Schuldigkeit verabsäumt. Wird die ganze Verwaltung abgesetzt, so berufen die Revisoren im Auftrage des Vorstandes die Mitglieder-Versammlung zur Mittheilung bezw. zu Wahlen.

Im Falle der Nichtbeachtung ihrer Berichte seitens des Vorstandes sind die Revisoren verpflichtet, bei den Hauptrevisoren (Ausschuß) Beschwerde zu führen.

c) Mitglieder-Versammlung.

§ 18g (neu.) Die Mitglieder der örtlichen Verwaltungsstelle werden von der Verwaltung nach Bedarf zur Mitglieder-Versammlung berufen. Außerordentliche Mitglieder-Versammlungen können bei dringlichen Veranlassungen durch die Verwaltung bezw. die Revisoren, sowie unmittelbar durch den Vorstand berufen werden.

Die Art der Berufung wird durch die Geschäftsordnung festgestellt.

Jede Versammlung, welche ordnungsmäßig berufen ist, ist beschlußfähig, Beschlüsse und Wahlen erfolgen durch einfache Mehrheit der Anwesenden. Ergiebt sich Stimmengleichheit, so gilt ein Antrag als abgelehnt und entscheidet bei Wahlen das durch die Hand des Vorsitzenden gezogene Loos.

§ 18h (neu). Die Mitglieder-Versammlung hat sich nur mit Folgendem zu beschäftigen:

1) die Mitglieder der örtlichen Verwaltung und den Kassenarzt für den Bezirk derselben zu wählen. Die Wahlen bedürfen der Bestätigung des Vorstandes. Der Letztere ist befugt, die Gewählten, welche bei der Wahrnehmung ihrer Obliegenheiten den gesetzlichen oder statutarischen Anforderungen nicht genügen, zu beseitigen und durch andere zu ersetzen;

2) Kassenrevisoren für die Kasse der örtlichen Verwaltungsstelle und Krankenbesucher für den Bezirk derselben zu wählen; Anträge und Beschwerden in Angelegenheiten der Kasse an die Generalversammlung zu richten;

3) einen oder mehrere Abgeordnete zur Generalversammlung zu wählen;

4) Anträge und Beschwerden in Angelegenheiten der Kasse an die Generalversammlung zu richten (§ 19b d. Hülfsk.-Ges.).

Anmerkg. (Zu Abs. 3 Zf. 1.) Die Wahl des Kassenarztes für den Bezirk der örtl. Verwaltungsstelle kann laut Gesetz der Mitgl.-Versammlung übertragen werden, vorbehaltlich der Bestätigung des Vorstands. Der specielle Wortlaut dieser Bestimmung im Statut hat sich je nach dem System der Gewährung ärzlicher Behandlung seitens der Kasse (s. Leitfaden) zu richten;

es kann danach heißen „die Kassenärzte u. s. w. zu wählen". Auch bei den sonstigen Abmachungen mit Aerzten, Apothekern u. s. w. wird der Vorstand die örtl. Verwaltungsstelle befragen und interessiren, ohne daß dies ausdrücklich im Statut zu stehen braucht.

d) Auflösung der örtlichen Verwaltungsstelle.

§ 18 i (neu). Eine örtliche Verwaltungsstelle kann durch den Vorstand bezw. die Generalversammlung aufgelöst werden, insbesondere wenn die Mitgliederzahl unter 7 sinkt, oder die Mitgliederversammlung die Verschmelzung der Verwaltungsstelle mit einer anderen für zweckmäßig erachtet, oder die Verwaltungsstelle trotz erfolgter statutenmäßiger Maßnahmen des Vorstandes (§ 33) dem Gesetz, dem Statut oder den Kassenbeschlüssen zuwider handelt.

Ueber die Kassenbestände, Bücher und sonstige Besitzstücke der aufgelösten Verwaltungsstelle verfügt der Vorstand.

Gesammt- und Hauptkasse.

§ 18 e. Die Organe der aus sämmtlichen örtlichen Verwaltungsstellen bestehenden Gesammtkasse sind:

a) der Vorstand,
b) die Hauptrevisoren (Ausschuß),
c) die Generalversammlung.

§ 19, Abs. 2. Aenderung: Die Vorstandsmitglieder werden von der Generalversammlung mit besonderer Abstimmung über jedes Vorstandsmitglied, durch absolute Mehrheit der Anwesenden gewählt; sie müssen am Sitz der Kasse oder im Umkreis von 15 Kilometern wohnen.

Ferner Zusatz zu Abs. 2: Außerdem wählt die Generalversammlung eine gleiche Anzahl Ersatzmänner in gemeinsamem Wahlgang.

Abs. 3 Zusatz: Zur Wahl ist die bindende Erklärung der Annahme seitens der Kandidaten erforderlich.

Anmerkung. Für verzweigte Hülfskassen, deren Generalversammlungen in der Regel aus gewählten Vertretern bestehen, ist eine längere Amtsdauer des Vorstandes geboten, um die großen Umstände und Kosten solcher Generalversammlungen möglichst einzuschränken. Im Zusammenhange hiermit stehen auch die anderen Aenderungen bezw. Zusätze. Die Zahl der Vorstandsmitglieder pflegt bei verzweigten H.-K. mit vielen Tausenden von Mitgliedern 9 bis 11 zu betragen.

§ 20 Abs. 1 Aenderung (an Stelle des ganzen Abs.): Die Amtsdauer des Vorstands währt bis zur nächsten Generalversammlung. Wenn ein Mitglied vor Ablauf dieser Periode stirbt, austritt, verzieht, niederlegt oder abgesetzt wird, so tritt sofort einer der Ersatzmänner in den Vorstand ein; über die Auswahl des Ersatzmannes und die Besetzung des etwa erledigten besonderen Amtes entscheidet der Vorstand.

§ 21 Zusatz (als Schlußabsatz): Der Vorstand, als dem Staate gegenüber verantwortlich, muß in erster Reihe darüber wachen, daß weder in der Hauptkasse, noch in irgend einer örtlichen Verwaltungsstelle Gesetzesverletzungen vorkommen, welche die Behörde zur Schließung der ganzen Hülfskasse berechtigen. (§ 29 d. Hülfsk.-Ges.)

§ 22 Abs. 2 Aenderung: statt „Schriftführer" „Hauptschriftführer".

§ 23 Abs. 1. Aenderung: statt „Kassirer" „Hauptkassirer".

Anmerkung zu § 22 und 23. Zur Unterscheidung von den Schriftführern und Kassirern der örtl. Verwaltungsstellen.

B. Ueberschrift und § 24 Aenderung: überall statt „Revisoren" „Hauptrevisoren".

Ferner § 24 Absatz 1 Aenderung: Die Generalversammlung wählt drei Hauptrevisoren und drei Ersatzmänner derselben für die Zeit bis zur nächsten Generalversammlung. Wiederwahl ist zulässig. Zu Hauptrevisoren bezw. Ersatzmännern derselben können Mitglieder u. s. w. wie in Stat. A.

§ 25. Aenderung der ganzen Absätze 1 und 2:

Die Generalversammlung besteht aus 20 Abgeordneten, welche durch allgemeine Mitglieder-Abstimmung zu wählen sind.

Jedes Mitglied bezeichnet auf einem Stimmzettel diejenigen 20 Mitglieder der Kasse, welche es als Abgeordnete zur Generalversammlung wählt, dieselben müssen großjährig und im Besitz der bürgerlichen Ehrenrechte sein.

Das Ergebniß der Stimmzettel wird in der Mitgliederversammlung festgestellt und dann die Stimmzettel an den Ausschuß eingesandt, welcher die Zusammenstellung bewirkt. Mitglieder, welcher keiner Verwaltungsstelle zugehören, werden vom Vorstand zur Wahl aufgefordert und haben ihre Stimmzettel direkt an den Ausschuß einzuliefern.

Gewählt sind diejenigen Mitglieder, welche absolute Majorität erhalten haben.

Erhalten im ersten Wahlgange nicht 20 Mitglieder die absolute Majorität, so kommen von denjenigen, welche die meisten

Stimmen erhalten haben, doppelt so viel zur engern Wahl, als noch Abgeordnete zu wählen sind.

Bei Stimmengleichheit entscheidet das Loos. (Abs. 3 unverändert.)

Anmerkung: Diese wesentliche Aenderung betr. Wahl der Generalversammlung ist die natürliche Folge der weiteren Verbreitung und größeren Mitgliederzahl verzweigter Hülfskassen, vgl. auch Anmerkung zu § 25 des Stat. A. und § 21 des Hülfskassen-Ges. Die Zahl der zu wählenden Abgeordneten darf nicht unter, wohl aber über 20 betragen, doch möchten sich nur ganz große Kassen diesen Luxus gestatten. — Statt der allgemeinen Mitglieder-Abstimmung (Listen-Skrutinium) kann auch die Wahl in besonderen Wahlkreisen vorgenommen werden, (in der Regel je ein Abg. auf die 20, aus möglichst benachbarten Verwaltungsstellen bestehenden Wahlkreise von annähernd gleicher Mitgliederzahl; die Wahlkreise müssen im Statut nach Städten, Bezirken, Provinzen 2c. bezeichnet sein.) Beide Systeme haben ihre Vorzüge und Nachtheile; das erstere ist einfacher, das letztere mehr geeignet, die Wünsche der einzelnen Verwaltungsstellen zum Ausdruck zu bringen.

§ **26** Abs. 1 Aenderung; Die Generalversammlung wird alle drei Jahre innerhalb des deutschen Reiches an einem Orte, an welchem die Kasse eine örtliche Verwaltungsstelle besitzt, abgehalten.

Anmerkung. Manche verzweigte Hülfskassen haben sogar eine 5jährige Periode der Generalversammlung, behufs Kostenersparniß, angenommen; jedoch dürfte dies wenigstens für den Anfang zu kurz sein. — In Abs. 2 sind die Fristen zu verlängern, die der Berufung je nach der Ausdehnung der Kasse bis 10, auch 13 Wochen für ordentliche, etwa ein Drittel der Zeit (3 Wochen) für außerordentliche Generalversammlungen. Auch muß die Berufung stets durch das Organ der Kasse — ein möglichst allen Mitgliedern zugängliches Blatt — veröffentlicht werden.

§ **27a** (neu). Sämmtliche Einnahmen und Fonds der örtlichen Verwaltungsstellen sind gemeinschaftliches Eigenthum der ganzen Hülfskasse, sowie andererseits sämmtliche statutenmäßig geleisteten Ausgaben der örtlichen Verwaltungsstellen für Rechnung der ganzen Kasse gehen. In erster Reihe sollen jedoch die Einnahmen jeder Verwaltungsstelle zur Bestreitung ihrer örtlichen Ausgaben dienen.

§ **27b** (neu). Zur Bestreitung der gemeinschaftlichen Ausgaben, zur schleunigen sicheren Aushülfe für die örtlichen Verwaltungsstellen und zur Ansammlung des versicherungsmäßigen Reservefonds besteht die Hauptkasse, welche direkt von dem Vorstande der Kasse verwaltet wird. Zu dieser Hauptkasse haben sämmtliche Verwaltungsstellen bis zum 10. des ersten Monats in jedem Vierteljahre den Theil des Bestandes, welcher größer ist als die durchschnittliche halbe Jahresausgabe, einzusenden. Außerdem sind die Verwaltungsstellen verpflichtet, auf Anweisung des Vorstandes Gelder, welche ihren augenblicklichen Bedarf übersteigen, unverzüglich an die Hauptkasse oder an benöthigte Verwaltungsstellen zu senden.

Dagegen ist der Vorstand verpflichtet, die statutengemäß zu zählenden Kranken- und Begräbnißgelder schleunigst an die Verwaltungsstelle zu senden, soweit der örtliche Kassenbestand zu deren Bestreitung nicht ausreicht. Die Uebersendung muß sofort geschehen, wenn die Anforderung ordnungsmäßig begründet ist.

Anmerkung. Sowohl die Frist, als der Betrag der Einsendungen an die Hauptkasse seitens der Verw.-Stellen kann auch anders geregelt werden. Manche verzweigte Hülfskassen verpflichten ihre Verw.-Stellen, bis zum 10. jedes Monats denjenigen Bestand, welcher 1 Mk. pro Mitglied übersteigt, einzusenden.

Verträge mit Aerzten.

Entwurf eines Vertrags auf Grund der Honorirung der einzelnen Leistungen.

Zwischen .... (Name und Sitz der Hülfskasse oder des Verbandes) und den Aerzten .... (Namen und Wohnort der Aerzte oder der „Aerzte-Vereinigung ....) ist folgender Vertrag geschlossen (folgendes Uebereinkommen getroffen) worden:

§ 1. Die Aerzte (dieser Vereinigung) verpflichten sich, die Mitglieder der Hülfskasse (der dem Verbande angehörenden Hülfskassen) in Krankheitsfällen zu nachstehend verzeichneten Honorarsätzen zu behandeln:

1. für eine Konsultation im Hause des Arztes . . . 50 Pf.
2. „ „ „ in der Wohnung des Kranken 1 Mk.
3. „ einen Nachtbesuch zwischen 10 Uhr Abds. u. 6 Uhr früh . Mk.
4. „ ein Gutachten . . . . Mk.
5. „ einen Todtenschein einschl. Besichtigung . . . Mk.
6. „ alle spezialistischen Untersuchungen:
   a) in der Sprechstunde des Arztes . . . . 1 Mk.
   b) in der Wohnung des Kranken . . . . 2 Mk.

Alle schwereren ärztlichen Eingriffe, Operationen u. s. w. unterliegen, soweit eine Festsetzung nicht getroffen, der freien Vereinbarung zwischen dem Arzte (Vorstand der Aerztevereinigung) und dem Vorstande der Hülfskasse (des Hülfsk.-Verbandes).

§ 2. Die Zahlung des Honorars an die Aerzte (den Vorstand der Aerztevereinigung) erfolgt vierteljährlich gegen Einreichung der Kontrol-Listen der Aerzte an den Kassirer der Hülfskasse (des Hülfsk.-Verbandes).

§ 3. Vorkommende Beschwerden und Gesuche sind an den Vorstand der Hülfskasse (des Hülfsk.-Verbandes) zu richten, welcher, in möglichstem Zusammenwirken mit den Herren Aerzten (dem Vorstande der Aerzte-Vereinigung) die Erledigung zu veranlassen hat.

Beide vertragschließende Theile werden bemüht sein, die beiderseitige Ehre und Interessen zu wahren und eine wirksame Krankenpflege für die Mitglieder in jeder Hinsicht zu erzielen.

§ 4. Dieser Vertrag (dieses Uebereinkommen) gilt bis Ende 189 . Wird derselbe (dasselbe) nicht spätestens ein Vierteljahr vor Ablauf durch eingeschriebenen Brief gekündigt, so gilt der Vertrag (das Uebereinkommen) als auf ein Jahr verlängert.

..........................., den .... 189 .

(Folgen die Unterschriften.)

Die Honorarsätze in obigem Entwurf sind einem Berliner Vertrage zwischen zahlreichen Hülfskassen und Aerzten entnommen und stimmen im Wesentlichen auch mit anderen Kollektiv-Abmachungen überein. Es wäre dringend zu wünschen, daß ein Normal- oder Grund-Tarif für die ärztliche Behandlung von Krankenkassen-Mitgliedern für ganz Deutschland vereinbart würde; selbstverständlich müßten örtliche Abweichungen vorgesehen bezw. der speziellen Vereinbarung vorbehalten werden. Dies gilt auch bezüglich der Honorarsätze bei dem kombinirten System (Pauschalzahlung pro Mitglied seitens der Kasse, Repartirung nach Leistungen an die einzelnen Aerzte, s. Leitfaden S. 26 f. Auf Wunsch wird der Verfasser auch Exemplare von Verträgen nach diesem System gern versenden, auch sonstige Auskunft und Material verschaffen). Sehr einfach sind endlich die Verträge nach dem System der ausschließlichen Pauschalzahlung pro Mitglied und Jahr (s. Leitf. S. 26 oben).

Berichtigungen.

Seite 30 Zl. 6 von unten, hinter der Klammer, lies: in der Regel noch ein genügendes Krankengeld.

S. 31 2. Absatz Zl. 4 u. 3 v. u. lies: oder Erhöhung der regelmäßigen Beiträge bezw. Ermäßigung der Unterstützungen.

S. 32 3. Abs. von unten Zl. 2 u. 3 lies: gelten die ausführlichen Bestimmungen der §§ 19a bis 19d d. Hülfsk.-Ges.

Anhang.

Gesetz
über
die Abänderung des Gesetzes, betreffend die Krankenversicherung der Arbeiter, vom 15. Juni 1883.

Auszug der auf die freien Kassen direkt oder indirekt sich beziehenden Bestimmungen.

(Die Abänderungen gegen das bisherige Gesetz sind, wo nicht die ganzen Paragraphen oder Absätze als (neu) bezeichnet sind, durch gesperrten Druck hervorgehoben.)

Versicherungszwang.

§ 1. Personen, welche gegen Gehalt oder Lohn beschäftigt sind:

1. in Bergwerken, Salinen, Aufbereitungsanstalten, Brüchen und Gruben, in Fabriken und Hüttenwerken, beim Eisenbahn-, Binnenschiffahrts- und Baggereibetriebe, auf Werften und bei Bauten,
2. im Handelsgewerbe, im Handwerk und in sonstigen stehenden Gewerbebetrieben,

2a. in dem Geschäftsbetriebe der Anwälte, Notare und Gerichtsvollzieher, der Krankenkassen, Berufsgenossenschaften und Versicherungsanstalten,

3. in Betrieben, in denen Dampfkessel oder durch elementare Kraft (Wind, Wasser, Dampf, Gas, heiße Luft ꝛc.) bewegte Triebwerke zur Verwendung kommen, sofern diese Verwendung nicht ausschließlich in vorübergehender Benutzung einer nicht zur Betriebsanlage gehörenden Kraftmaschine besteht,

sind mit Ausnahmen der Gehülfen und Lehrlinge in Apotheken, sowie der im § 2 unter Ziffer 2 bis 6 aufgeführten Personen, sofern nicht die Beschäftigung durch die Natur ihres Gegenstandes oder im Voraus durch den Arbeitsvertrag auf einen Zeitraum von weniger als einer Woche beschränkt ist, nach Maßgabe der Vorschriften dieses Gesetzes gegen Krankheit zu versichern.

Dasselbe gilt von Personen, welche in dem gesammten Betriebe der Post- und Telegraphen-Verwaltungen, sowie in den Betrieben der Marine- und Heeresverwaltungen gegen Gehalt oder Lohn beschäftigt sind, und nicht bereits auf Grund der vorstehenden Bestimmungen der Krankenversicherungspflicht unterliegen.

Die Besatzung von Seeschiffen, auf welche die Vorschriften der §§ 48 und 49 der Seemannsordnung vom 27. Dezember 1872 (Reichs-Gesetzbl. S. 409) Anwendung finden, unterliegt der Versicherungspflicht nicht.

Handlungsgehülfen und -Lehrlinge unterliegen der Versicherungspflicht nur, sofern durch Vertrag die ihnen nach Artikel 60 des deutschen Handelsgesetzbuchs zustehenden Rechte aufgehoben oder beschränkt sind.

Als Gehalt oder Lohn im Sinne dieses Gesetzes gelten auch Tantiemen und Naturalbezüge. Für die letzteren wird der Durchschnittswerth in Ansatz gebracht; dieser Werth wird von der unteren Verwaltungsbehörde festgesetzt.

§ 2. Durch statutarische Bestimmung einer Gemeinde für ihren Bezirk, oder eines weiteren Kommunalverbandes für seinen Bezirk oder Theile desselben, kann die Anwendung der Vorschriften des § 1 erstreckt werden:

1. auf diejenigen im § 1 bezeichneten Personen, deren Beschäftigung durch die Natur ihres Gegenstandes oder im Voraus durch den Arbeitsvertrag auf einen Zeitraum von weniger als einer Woche beschränkt ist,
2. auf die in Kommunalbetrieben und im Kommunaldienste beschäftigten Personen, auf welche die Anwendung des § 1 nicht durch anderweite reichsgesetzliche Vorschriften erstreckt ist,
3. auf diejenigen Familienangehörigen eines Betriebsunternehmers, deren Beschäftigung in dem Betriebe nicht auf Grund eines Arbeitsvertrages stattfindet,
4. auf selbständige Gewerbetreibende, welche in eigenen Betriebsstätten im Auftrage und für Rechnung anderer Gewerbetreibender mit der Herstellung oder Bearbeitung gewerblicher Erzeugnisse beschäftigt werden (Hausindustrie), und zwar auch für den Fall, daß sie die Roh- und Hülfsstoffe selbst beschaffen, und auch für die Zeit, während welcher sie vorübergehend für eigene Rechnung arbeiten.

5. auf Handlungsgehülfen und -Lehrlinge, soweit dieselben nicht nach § 1 versicherungspflichtig sind.
6. auf die in der Land- und Forstwirthschaft beschäftigten Arbeiter und Betriebsbeamten.

Die auf Grund dieser Vorschrift ergehenden statutarischen Bestimmungen müssen die genaue Bezeichnung derjenigen Klassen von Personen, auf welche die Anwendung der Vorschriften des § 1 erstreckt werden soll, und in den Fällen der Ziffern 1 und 4 Bestimmungen über die Verpflichtung zur An- und Abmeldung, sowie über die Verpflichtung zur Einzahlung der Beiträge enthalten.

Sie bedürfen der Genehmigung der höheren Verwaltungsbehörde und sind in der für Bekanntmachungen der Gemeindebehörden vorgeschriebenen oder üblichen Form zu veröffentlichen.

§ 2a (neu). Die Anwendung der Vorschriften des § 1 kann auch auf solche in Betrieben oder im Dienste des Reichs oder eines Staates beschäftigte Personen erstreckt werden, welche der Krankenversicherungspflicht nicht bereits nach gesetzlichen Bestimmungen unterliegen. Die Erstreckung erfolgt durch Verfügung des Reichskanzlers beziehungsweise der Zentralbehörde.

§ 2b (neu). Betriebsbeamte, Werkmeister und Techniker, Handlungsgehülfen und -Lehrlinge, sowie die unter § 1 Absatz 1 Ziffer 2a. fallenden Personen unterliegen der Versicherungspflicht nur, wenn ihr Arbeitsverdienst an Lohn oder Gehalt sechszweidrittel Mark für den Arbeitstag oder, sofern Lohn oder Gehalt nach größeren Zeitabschnitten bemessen ist, zweitausend Mark für das Jahr gerechnet, nicht übersteigt.

Dasselbe gilt von anderen unter § 2 Absatz 1 Ziffer 2 und § 2a fallenden Personen, soweit sie Beamte sind.

§ 3 (neu). Personen des Soldatenstandes, sowie solche in Betrieben oder im Dienste des Reichs, eines Staates oder Kommunalverbandes beschäftigte Personen, welche dem Reich, Staat oder Kommunalverbande gegenüber in Krankheitsfällen Anspruch auf Fortzahlung des Gehalts oder des Lohnes mindestens für dreizehn Wochen nach der Erkrankung oder auf eine den Bestimmungen des § 6 entsprechende Unterstützung haben, sind von der Versicherungspflicht ausgenommen.

§ 3a (neu). Auf ihren Antrag sind von der Versicherungspflicht zu befreien:

1. Personen, welche in Folge von Verletzungen, Gebrechen, chronischen Krankheiten oder Alter nur theilweise oder nur zeitweise erwerbsfähig sind, wenn der unterstützungspflichtige Armenverband der Befreiung zustimmt,

2. Personen, welchen gegen ihren Arbeitgeber für den Fall der Erkrankung ein Rechtsanspruch auf eine den Bestimmungen des § 6 entsprechende oder gleichwerthige Unterstützung zusteht, sofern die Leistungsfähigkeit des Arbeitgebers zur Erfüllung des Anspruchs gesichert ist.

Wird der Antrag auf Befreiung von der Verwaltung der Gemeinde-Krankenversicherung oder von dem Vorstande der Krankenkasse, welcher der Antragsteller angehören würde, abgelehnt, so entscheidet auf Anrufen des Antragstellers die Aufsichtsbehörde endgültig.

In dem Falle zu 2 gilt die eingeräumte Befreiung nur für die Dauer des Arbeitsvertrages. Sie erlischt vor Beendigung des Arbeitsvertrages:

a) wenn sie von der Aufsichtsbehörde wegen nicht genügender Leistungsfähigkeit des Arbeitgebers von Amtswegen oder auf Antrag eines Betheiligten aufgehoben wird,

b) wenn der Arbeitgeber die befreite Person zur Krankenversicherung anmeldet. Die Anmeldung ist ohne rechtliche Wirkung, wenn die befreite Person zur Zeit derselben bereits erkrankt war.

Insoweit im Erkrankungsfalle der gegen den Arbeitgeber bestehende Anspruch nicht erfüllt wird, ist auf Antrag der befreiten Person von der Gemeinde-Krankenversicherung oder von der Krankenkasse, welcher sie im Nichtbefreiungsfalle angehört haben würde, die gesetzliche oder statutenmäßige Krankenunterstützung zu gewähren. Die zu dem Ende gemachten Aufwendungen sind von dem Arbeitgeber zu erstatten.

§ 3b (neu). Auf den Antrag des Arbeitgebers sind von der Versicherungspflicht zu befreien Lehrlinge, welchen durch den Arbeitgeber für die während der Dauer des Lehrverhältnisses eintretenden Erkrankungsfälle der Anspruch auf freie Kur oder Verpflegung in einem Krankenhause auf die im § 6 Absatz 2 bezeichnete Dauer gesichert ist. Gleiches gilt von Personen, welche im Falle der Arbeitslosigkeit in einer die Versicherungspflicht begründenden Art in Wohlthätigkeitsanstalten beschäftigt werden, deren Zweck darin besteht, arbeitslosen Personen vorübergehend Beschäftigung zu gewähren. (Arbeiterkolonien u. dergl.)

Die Bestimmungen des § 3a Absatz 2 bis 4 finden entsprechende Anwendung.

Gemeinde-Krankenversicherung.

§ 4. Für alle versicherungspflichtigen Personen, welche nicht
einer Orts-Krankenkasse (§ 16),
einer Betriebs- (Fabrik-) Krankenkasse (§ 59),

einer Bau-Krankenkasse (§ 69),
einer Innungs-Krankenkasse (§ 73),
einer Knappschaftskasse (§ 74)

angehören, tritt, vorbehaltlich der Bestimmung des § 75*), die Gemeinde-Krankenversicherung ein.

Personen der in §§ 1 bis 3 bezeichneten Art, welche der Versicherungspflicht nicht unterliegen und deren jährliches Gesammteinkommen 2000 Mark nicht übersteigt, sowie Dienstboten sind berechtigt, der Gemeinde-Krankenversicherung der Gemeinde, in deren Bezirk sie beschäftigt sind, beizutreten. Durch statutarische Bestimmung (§ 2) kann auch anderen nichtversicherungspflichtigen Personen die Aufnahme in die Gemeinde-Krankenversicherung gestattet oder das Recht des Beitritts eingeräumt werden, sofern ihr jährliches Gesammteinkommen 2000 Mark nicht übersteigt.

Der Beitritt der Berechtigten erfolgt durch schriftliche oder mündliche Erklärung beim Gemeindevorstande, gewährt aber keinen Anspruch auf Unterstützung im Falle einer bereits zur Zeit dieser Erklärung eingetretenen Erkrankung. Die Gemeinde ist berechtigt, nichtversicherungspflichtige Personen, welche sich zum Beitritt melden, einer ärztlichen Untersuchung unterziehen zu lassen, und, wenn diese eine bereits bestehende Krankheit ergiebt, von der Versicherung zurückzuweisen.

Freiwillig Beigetretene, welche die Versicherungsbeiträge (§ 5) an zwei aufeinander folgenden Zahlungsterminen nicht geleistet haben, scheiden damit aus der Gemeinde-Krankenversicherung aus.

(§ 5, Allgemeines über Unterstützung und Beiträge, und § 5a, betr. Beschäftigung an wechselnden Orten, kommen hier nicht in Betracht.)

§ 6. Als Krankenunterstützung ist zu gewähren:

1. vom Beginn der Krankheit ab freie ärztliche Behandlung, Arznei, sowie Brillen, Bruchbänder und ähnliche Heilmittel;
2. im Falle der Erwerbsunfähigkeit vom dritten Tage nach dem Tage der Erkrankung ab für jeden Arbeitstag ein Krankengeld in Höhe der Hälfte des ortsüblichen Tagelohnes gewöhnlicher Tagearbeiter.

---

*) Dieselbe Einschaltung: „vorbehaltlich der Bestimmung des § 75," ist auch in den analogen **§ 19** Absatz 2 (Orts-Krankenkassen), **§ 63** Absatz 1 (Betriebs-Krankenkassen), **§ 73** Absatz 2 (Innungs-Krankenkassen) erfolgt, unter entsprechender Abänderung der bisherigen Fassung.

Die Krankenunterstützung endet spätestens mit dem Ablauf der dreizehnten Woche nach Beginn der Krankheit, im Falle der Erwerbsunfähigkeit spätestens mit dem Ablauf der dreizehnten Woche nach Beginn des Krankengeldbezuges. Endet der Bezug des Krankengeldes erst nach Ablauf der dreizehnten Woche nach dem Beginn der Krankheit, so endet mit dem Bezuge des Krankengeldes zugleich auch der Anspruch auf die im Absatz 1 unter Ziffer 1 bezeichneten Leistungen.

Das Krankengeld ist nach Ablauf jeder Woche zu zahlen.

§ 6a (neu.)*) Die Gemeinden sind ermächtigt, zu beschließen:

1. daß Personen, welche der Versicherungspflicht nicht unterliegen und freiwillig der Gemeinde-Krankenversicherung beitreten, erst nach Ablauf einer auf höchstens sechs Wochen vom Beitritt ab zu bemessenden Frist Krankenunterstützung erhalten;
2. daß Versicherten, welche die Gemeinde-Krankenversicherung durch eine mit dem Verlust der bürgerlichen Ehrenrechte bedrohte strafbare Handlung geschädigt haben, für die Dauer von zwölf Monaten seit Begehung der Strafthat, sowie daß Versicherten, welche sich eine Krankheit vorsätzlich oder durch schuldhafte Betheiligung bei Schlägereien oder Raufhändeln, durch Trunkfälligkeit oder geschlechtliche Ausschweifungen zugezogen haben, für diese Krankheit das Krankengeld gar nicht oder nur theilweise zu gewähren ist;
3. daß Versicherten, welche von der Gemeinde die Krankenunterstützung ununterbrochen oder im Laufe eines Zeitraums von zwölf Monaten für dreizehn Wochen bezogen haben, bei Eintritt eines neuen Unterstützungsfalles, sofern dieser durch die gleiche nicht gehobene Krankheitsursache veranlaßt ist, im Laufe der nächsten zwölf Monate Krankenunterstützung nur für die Gesammtdauer von dreizehn Wochen zu gewähren ist;
4. daß Krankengeld allgemein oder unter bestimmten Voraussetzungen schon vom Tage des Eintritts der Erwerbsunfähigkeit ab, sowie für Sonn- und Festtage zu zahlen ist;
5. daß Versicherten auf ihren Antrag die in § 6 Absatz 1 Ziffer 1 bezeichneten Leistungen auch für ihre dem

*) Die Nrn. 1 und 2 des 1. Absatzes von § 6a enthalten im Wesentlichen die Bestimmungen des 3. Absatzes von § 6 des bisherigen Gesetzes; die übrigen Nrn. und der 2. Absatz sind gänzlich neu.

Krankenversicherungszwange nicht unterliegenden Familienangehörigen zu gewähren sind;

6. daß die ärztliche Behandlung, die Lieferung der Arznei und die Kur und Verpflegung nur durch bestimmte Aerzte, Apotheken und Krankenhäuser zu gewähren sind und die Bezahlung der durch Inanspruchnahme anderer Aerzte, Apotheken und Krankenhäuser entstandenen Kosten, von dringenden Fällen abgesehen, abgelehnt werden kann.

Die Gemeinden sind ferner ermächtigt, Vorschriften über die Krankenmeldung, über das Verhalten der Kranken und über die Krankenaufsicht zu erlassen und zu bestimmen, daß Versicherte, welche diesen Vorschriften oder den Anordnungen des behandelnden Arztes zuwiderhandeln, Ordnungsstrafen bis zu zwanzig Mark zu erlegen haben. Vorschriften dieser Art bedürfen der Genehmigung der Aufsichtsbehörde.

§ 7. An Stelle der im § 6 vorgeschriebenen Leistungen kann freie Kur und Verpflegung in einem Krankenhause gewährt werden, und zwar:

1. für diejenigen, welche verheirathet sind, oder eine eigene Haushaltung haben, oder Mitglieder der Haushaltung ihrer Familie sind, mit ihrer Zustimmung, oder unabhängig von derselben, wenn die Art der Krankheit Anforderungen an die Behandlung oder Verpflegung stellt, welchen in der Familie des Erkrankten nicht genügt werden kann, oder wenn die Krankheit eine ansteckende ist, oder wenn der Erkrankte wiederholt den auf Grund des § 6a Absatz 2 erlassenen Vorschriften zuwider gehandelt hat, oder wenn dessen Zustand oder Verhalten eine fortgesetzte Beobachtung erfordert;
2. für sonstige Erkrankte unbedingt.

Hat der in einem Krankenhause Untergebrachte Angehörige, deren Unterhalt er bisher aus seinem Arbeitsverdienste bestritten hat, so ist neben der freien Kur und Verpflegung die Hälfte des im § 6 als Krankengeld festgesetzten Betrags für diese Angehörigen zu zahlen. Die Zahlung kann unmittelbar an die Angehörigen erfolgen.

§ 8. Der Betrag des ortsüblichen Tagelohnes gewöhnlicher Tagearbeiter wird von der höheren Verwaltungsbehörde nach Anhörung der Gemeindebehörde festgesetzt und durch das für ihre amtlichen Bekanntmachungen bestimmte Blatt veröffentlicht. Aenderungen der Festsetzung treten erst sechs Monate nach der Veröffentlichung in Kraft.

Die Festsetzung findet für männliche und weibliche, für Personen über und unter 16 Jahren besonders statt. Für Personen unter 16 Jahren (jugendliche Personen) kann die Festsetzung getrennt für junge Leute zwischen 14 und 16 Jahren und für Kinder unter 14 Jahren vorgenommen werden. Für Lehrlinge gilt die für junge Leute getroffene Feststellung.

Gemeinsame Bestimmungen für die Gemeinde-Krankenversicherung und für die Orts-Krankenkassen.

§ 49. Die Arbeitgeber haben jede von ihnen beschäftigte versicherungspflichtige Person, welche weder einer Betriebs- (Fabrik-) Krankenkasse (§ 73), Bau-Krankenkasse (§ 69), Innungs-Krankenkasse (§ 59), Knappschaftskasse (§ 74), angehört, noch gemäß § 75 von der Verpflichtung, der Gemeinde-Krankenversicherung oder einer Orts-Krankenkasse anzugehören, befreit ist, spätestens am dritten Tage nach Beginn der Beschäftigung anzumelden und spätestens am dritten Tage nach Beendigung derselben wieder abzumelden. Veränderungen, durch welche während der Dauer der Beschäftigung die Versicherungspflicht für solche Personen begründet wird, die der Versicherungspflicht auf Grund ihrer Beschäftigung bisher nicht unterlagen, sind spätestens am dritten Tage nach ihrem Eintritt gleichfalls anzumelden. Das Gleiche gilt bei Aenderungen des Arbeitsvertrages, welche die Versicherungspflicht der in § 1 Absatz 3 bezeichneten Personen zur Folge haben.

(Die Absätze 2 und 3 interessiren nicht.)

(Neu.) Durch Beschluß der Verwaltung der Gemeinde-Krankenversicherung und durch das Kassenstatut kann die Frist für die An- und Abmeldungen bis zum letzten Werktage der Kalenderwoche, in welcher die dreitägige Frist (Absatz 1) abläuft, erstreckt werden.

Die Aufsichtsbehörde, sowie die höhere Verwaltungsbehörde kann für sämmtliche Gemeinde-Krankenversicherungen und Orts-Krankenkassen ihres Bezirks oder einzelner Theile desselben eine gemeinsame Meldestelle errichten. Die Aufbringung der Kosten derselben erfolgt durch die betheiligten Gemeinden und Orts-Krankenkassen nach Maßgabe des § 46 Absatz 3, 4.

§ 49a. (Neu.) Hülfskassen der im § 75 bezeichneten Art haben jedes Ausscheiden eines versicherungspflichtigen Mitgliedes aus der Kasse und jedes Uebertreten eines solchen in eine niedrigere Mitgliederklasse innerhalb Monatsfrist bei der gemeinsamen Meldestelle oder bei der Aufsichtsbehörde desjenigen Bezirks, in welchem das Mitglied zur Zeit der letzten Beitragszahlung beschäftigt war, unter Angabe seines Aufenthaltsortes und seiner Beschäftigung zu dieser Zeit schriftlich anzuzeigen.

Für Hülfskassen, welche örtliche Verwaltungsstellen errichtet haben, ist die Anzeige von der örtlichen Verwaltungsstelle zu erstatten.

Zur Erstattung der Anzeige ist für jede Hülfskasse, sofern deren Vorstand nicht eine andere Person damit beauftragt, der Rechnungsführer derselben, für die örtliche Verwaltungsstelle dasjenige Mitglied, welches die Rechnungsgeschäfte derselben führt, verpflichtet.

Die Aufsichtsbehörde hat die an sie gelangenden Anzeigen der Verwaltung der Gemeinde-Krankenversicherung oder dem Vorstande der Orts-Krankenkasse, welcher die in der Anzeige bezeichnete Person nach der in derselben angegebenen Beschäftigung anzugehören verpflichtet ist, zu überweisen.

§ 58. Streitigkeiten, welche zwischen den auf Grund dieses Gesetzes zu versichernden Personen oder ihren Arbeitgebern einerseits und der Gemeinde-Krankenversicherung oder der Orts-Krankenkasse andererseits über das Versicherungs-Verhältniß oder über die Verpflichtung zur Leistung oder Einzahlung von Eintrittsgeldern und Beiträgen oder über Unterstützungsansprüche entstehen, sowie Streitigkeiten über Unterstützungsansprüche aus § 57a. Absatz 3 und über Erstattungsansprüche aus § 50 werden von der Aufsichtsbehörde entschieden. Erstreckt sich der Bezirk der Gemeinde-Krankenversicherung oder der Orts-Krankenkasse über mehrere Gemeindebezirke, so kann durch die Zentralbehörde die Entscheidung anderen Behörden übertragen werden. Die Entscheidung kann binnen vier Wochen nach der Zustellung derselben mittelst Klage im ordentlichen Rechtswege, soweit aber landesgesetzlich solche Streitigkeiten dem Verwaltungsstreitverfahren überwiesen sind, im Wege des letzteren angefochten werden.

Streitigkeiten über die im § 57 Absatz 2 und 3 bezeichneten Ansprüche, Streitigkeiten über Erstattungsansprüche aus § 3a Absatz 4, §§ 3b und 57a, ferner Streitigkeiten zwischen Gemeinde-Krankenversicherungen und Krankenkassen über den Ersatz irrthümlich geleisteter

Unterstützungen werden im Verwaltungsstreitverfahren, wo ein solches nicht besteht, von der Aufsichtsbehörde entschieden. Die Entscheidung der Aufsichtsbehörde kann binnen vier Wochen nach Zustellung derselben im Wege des Rekurses nach Maßgabe der §§ 20 und 21 der Gewerbeordnung angefochten werden.

(Die Absätze 3 und 4 interessiren nicht.)

Verhältniß der eingeschriebenen und anderen Hülfskassen zur Krankenversicherung.

§ 75. Mitglieder der auf Grund des Gesetzes über die eingeschriebenen Hülfskassen vom $\frac{\text{7. April 1876 (Reichs-Gesetzbl. S. 128)}}{\text{1. Juni 1884 (Reichs-Gesetzbl. S. 54)}}$ errichteten Kassen sind von der Verpflichtung, der Gemeinde-Krankenversicherung oder einer nach Maßgabe dieses Gesetzes errichteten Krankenkasse anzugehören, befreit, wenn die Hülfskasse, welcher sie angehören, allen ihren versicherungspflichtigen Mitgliedern oder doch derjenigen Mitgliederklasse, zu welcher der Versicherungspflichtige gehört, im Krankheitsfalle mindestens diejenigen Leistungen gewährt, welche nach Maßgabe der §§ 6 und 7 von der Gemeinde, in deren Bezirk der Versicherungspflichtige beschäftigt ist, zu gewähren sind. Die durch Kassenstatut begründeten Beschränkungen der Unterstützungsansprüche schließen die Befreiung nicht aus, wenn sie sich innerhalb der Grenzen der den Gemeinden nach § 6a gestatteten Beschränkungen halten.

(Neu.) Tritt ein Mitglied einer eingeschriebenen Hülfskasse an einem Orte in Beschäftigung, an welchem das Krankengeld der Mitgliederklasse, der es bisher angehörte, hinter dem von der Gemeinde-Krankenversicherung zu gewährenden Krankengelde zurückbleibt, so gilt die Befreiung noch für die Dauer von zwei Wochen. Die Meldepflicht des Arbeitgebers (§ 49 Absatz 1) beginnt in diesem Falle erst mit dem Ablauf dieser zwei Wochen.

(Neu.) Mitgliedern einer eingeschriebenen Hülfskasse, welche zugleich der Gemeinde-Krankenversicherung oder einer auf Grund dieses Gesetzes errichteten Krankenkasse angehören, kann an Stelle der freien ärztlichen Behandlung und Arznei eine Erhöhung des Krankengeldes um ein Viertel des Betrages des ortsüblichen Tagelohnes (§ 8) ihres Beschäftigungsortes gewährt werden.

Die vorstehenden Bestimmungen finden auch auf Mitglieder solcher auf Grund landesrechtlicher Vorschriften errichteten Hülfskassen Anwendung, deren Statut von einer Staatsbehörde genehmigt ist und über die Bildung eines

Reservefonds den §§ 32, 33 entsprechende Bestimmungen enthält.

§ 75a (neu). Den eingeschriebenen Hülfskassen, sowie den im § 75 Absatz 4 bezeichneten, auf Grund landesrechtlicher Vorschriften errichteten Hülfskassen ist auf ihren Antrag eine amtliche Bescheinigung darüber auszustellen, daß sie, vorbehaltlich der Höhe des Krankengeldes, den Anforderungen des § 75 genügen.

Die Bescheinigung wird ausgestellt:

1. für Kassen, deren Bezirk über die Grenzen eines Bundesstaates nicht hinausreicht, von der Zentralbehörde,
2. für Kassen, deren Bezirk über die Grenzen eines Bundesstaates hinausreicht, von dem Reichskanzler.

Wird die Bescheinigung versagt, so sind die Gründe mitzutheilen.

Tritt in dem Statut der Kasse eine Aenderung ein, so ist von Amtswegen zu prüfen, ob die Kasse den Anforderungen des § 75 auch ferner entspricht. Nach dem Ausfall dieser Prüfung ist die Bescheinigung von Neuem zu ertheilen oder zu widerrufen.

Die Bescheinigung und deren Widerruf sind in dem Falle zu 1 durch das für die amtlichen Bekanntmachungen der Zentralbehörde bestimmte Blatt, in dem Falle zu 2 durch den Reichs-Anzeiger bekannt zu machen.

§ 75b (neu). Bei Streitigkeiten über die Befreiung eines Mitgliedes einer Hülfskasse, einer Gemeinde-Krankenversicherung oder einer auf Grund dieses Gesetzes errichteten Krankenkasse anzugehören, ist für die Entscheidung der Frage, ob die Kasse den Anforderungen des § 75 genügt, vorbehaltlich der Frage, ob das Krankengeld die Hälfte des ortsüblichen Lohnes gewöhnlicher Tagearbeiter am Beschäftigungsorte des Mitgliedes erreicht, die auf Grund des § 75a. ausgestellte Bescheinigung maßgebend.

Der Nachweis der Bescheinigung wird durch Vorlegung eines Exemplars des Kassenstatuts geführt, in welchem das die Bekanntmachung enthaltende Blatt nach Jahrgang, Nummer und Seitenzahl angegeben ist.

§ 75c (neu). Die Bestimmungen der §§ 57*) und 58 Absatz 2 finden auf die im § 75 bezeichneten Hülfskassen Anwendung.

Schluß-, Straf- und Uebergangsbestimmungen.

§ 76a (neu). Die Verwaltungen der Gemeinde-Krankenversicherung, sowie die Vorstände der Krankenkassen und der im § 75 bezeichneten Hülfskassen sind verpflichtet, den Behörden von Gemeinden und Armenverbänden, welche auf Grund der ihnen

*) § 57 ist unverändert geblieben, § 58 s. oben.

obliegenden gesetzlichen Verpflichtung zur Unterstützung hülfsbedürftiger Personen Versicherte unterstützt haben, auf Erfordern Auskunft darüber zu ertheilen, ob und in welchem Umfange diesen Personen gegen sie Unterstützungsansprüche auf Grund dieses Gesetzes zustehen.

Die Verwaltungen der Gemeinde-Krankenversicherung, sowie die Vorstände der Krankenkassen und der im § 75 bezeichneten Hülfskassen sind ferner verpflichtet, den auf Grund der Unfallversicherungsgesetze bestehenden Berufsgenossenschaften, sowie den auf Grund des Gesetzes, betreffend die Invaliditäts- und Altersversicherung, vom 22. Juni 1889 (Reichs-Gesetzbl. S. 97) bestehenden Versicherungs-Anstalten zu gestatten, zum Zweck der Ermittelung der von ihren Mitgliedern beziehungsweise den Arbeitgebern ihres Bezirks beschäftigten Versicherten und deren Beschäftigungszeit und Lohnhöhe durch Beauftragte von den Büchern und Listen der Kasse in deren Geschäftsräumen während der Geschäftsstunden Einsicht zu nehmen.

Die Mitglieder der Verwaltungen der Gemeinde-Krankenversicherung und der Kassenvorstände können zur Erfüllung der ihnen durch vorstehende Bestimmungen auferlegten Verpflichtungen von der Aufsichtsbehörde durch Geldstrafen bis zu zwanzig Mark angehalten werden.

§ 76b (neu). Die Verwaltungen der Gemeinde-Krankenversicherung, sowie die Vorstände der Krankenkassen und der im § 75 bezeichneten Hülfskassen sind verpflichtet, jeden Erkrankungsfall, welcher durch einen nach den Unfallversicherungsgesetzen zu entschädigenden Unfall herbeigeführt ist, sofern mit dem Ablauf der vierten Woche der Krankheit die Erwerbsfähigkeit des Erkrankten noch nicht wiederhergestellt ist, binnen einer Woche nach diesem Zeitpunkte dem Vorstande der Berufsgenossenschaft, bei welcher der Erkrankte gegen Unfall versichert ist, anzuzeigen. Ist die Berufsgenossenschaft in Sektionen getheilt, so ist die Anzeige an den Sektionsvorstand zu richten. Zur Erstattung der Anzeige ist, sofern der Vorstand der Gemeinde oder der Krankenkasse nicht eine andere Person damit beauftragt, der Rechnungsführer, für örtliche Verwaltungsstellen der eingeschriebenen Hülfskassen dasjenige Mitglied, welches die Rechnungsgeschäfte derselben führt, verpflichtet.

Die Unterlassung der Anzeige kann von der Aufsichtsbehörde mit Ordnungsstrafe bis zu zwanzig Mark geahndet werden.

§ 76c (neu). In Erkrankungsfällen, welche durch Unfall herbeigeführt werden, ist die Berufsgenossenschaft berechtigt, das Heilverfahren auf ihre Kosten zu übernehmen. Vom Tage der

Uebernahme an bis zur Beendigung des Heilverfahrens oder bis zum Ablauf der dreizehnten Woche nach Beginn des Krankengeldbezuges geht der Anspruch des Erkrankten auf Krankengeld auf die Berufsgenossenschaft über. Auf diese gehen dagegen für denselben Zeitraum alle Verpflichtungen über, welche der Krankenkasse dem Erkrankten gegenüber obliegen.

Streitigkeiten aus diesem Verhältnisse werden, soweit sie zwischen dem Erkrankten und der Berufsgenossenschaft entstehen, nach Vorschrift des § 58 Absatz 1, soweit sie zwischen der Berufsgenossenschaft und der Gemeinde-Krankenversicherung oder Krankenkasse entstehen, nach Vorschrift des § 58 Absatz 2 entschieden.

§ 76d (neu). Den Berufsgenossenschaften stehen in Beziehung auf die Anwendung der §§ 76a, 76b, 76c das Reich, die Staaten und diejenigen Verbände gleich, welche nach den Bestimmungen der Unfallversicherungsgesetze an die Stelle der Berufsgenossenschaften treten.

§ 76e (neu). Gegen die Strafverfügungen, welche auf Grund der in § 6a Absatz 2 und § 26a Absatz 2 Ziffer 2a zugelassenen Bestimmungen getroffen worden sind, ist binnen zwei Wochen nach deren Eröffnung Beschwerde an die Aufsichtsbehörde zulässig. Die Entscheidung der letzteren ist endgültig.

Gegen die auf Grund der §§ 76a und 76b getroffenen Strafverfügungen ist binnen zwei Wochen nach deren Eröffnung Beschwerde an die nächst vorgesetzte Behörde zulässig. Die Entscheidung der letzteren ist endgültig.

§ 78a (neu). Bei der Berechnung einer in diesem Gesetze vorgesehenen Frist, welche nach Tagen bestimmt ist, wird der Tag nicht mitgerechnet, auf welchen der Zeitpunkt oder das Ereigniß fällt, nach welchem der Anfang der Frist sich richten soll.

Eine nach Wochen oder Monaten bestimmte Frist endigt mit Ablauf desjenigen Tages der letzten Woche oder des letzten Monats, welcher durch seine Benennung oder Zahl dem Tage entspricht, an welchem die Frist begonnen hat. Fehlt dieser Tag in dem letzten Monat, so endigt die Frist mit Ablauf des letzten Tages dieses Monats. Fällt das Ende einer Frist auf einen Sonntag oder allgemeinen Feiertag, so endigt die Frist mit Ablauf des nächstfolgenden Werktages. Auf die Berechnung der Dauer der Krankenunterstützung findet diese Vorschrift keine Anwendung.

Artikel 32 (neu). Dieses Gesetz tritt, soweit es sich um die zu seiner Durchführung erforderlichen Maßnahmen handelt, sofort, im Uebrigen mit dem 1. Januar 1893 in Kraft.

Mit dem gleichen Tage treten außer Wirksamkeit die Bestimmungen des § 4 Absatz 5 des Gesetzes über die eingeschriebenen Hülfskassen vom 7. April 1876 (Reichs-Gesetzbl. S. 128) in der Fassung des Gesetzes vom 1. Juni 1884 (Reichs-Gesetzbl. S. 54), der §§ 15, 16, 17 Absatz 2 des Gesetzes über die Ausdehnung der Unfall- und Krankenversicherung vom 28. Mai 1885 (Reichs-Gesetzbl. S. 159) und der §§ 134 Absatz 1, 135, 139, 140 des Gesetzes, betreffend die Unfall- und Krankenversicherung der in land- und forstwirthschaftlichen Betrieben beschäftigten Personen, vom 5. Mai 1886 (Reichs-Gesetzbl. S. 132).

Der Reichskanzler wird ermächtigt, den Text des Gesetzes vom 15. Juni 1883, wie er sich aus den Aenderungen durch gegenwärtiges Gesetz ergiebt, durch das Reichs-Gesetzblatt mit der Ueberschrift „Krankenversicherungsgesetz“ bekannt zu machen.

Resolutionen des Reichstags.

a) Die verbündeten Regierungen zu ersuchen, die geeigneten Maßregeln zu ergreifen, daß in sämmtlichen Bundesstaaten die Feststellung der ortsüblichen Tagelöhne nach thunlichst gleichen Grundsätzen und den thatsächlichen Tagelohnsätzen gewöhnlicher Tagearbeiter entsprechend erfolge.

b) Die verbündeten Regierungen zu ersuchen, die geeigneten Maßregeln zu ergreifen, daß mit dem Inkrafttreten dieses Gesetzes auch eine anderweite Festsetzung der ortsüblichen Tagelöhne in Kraft tritt, sowie periodische Veröffentlichungen der festgesetzten ortsüblichen Tagelöhne von Reichswegen herbeigeführt werden.

Inhalt.

Druck von Albert Koenig in Guben.

FSC
www.fsc.org
MIX
Papier | Fördert gute Waldnutzung
FSC® C083411

Kolibri 360 GmbH
Ferdinand-Jühlke-Straße 7
99095 Erfurt, Deutschland
produktsicherheit@kolibri360.de